大学生职业生涯发展规划

主编 肖尚军 张 丹

第1章
职业生涯发展规划

学习手册

南京大学出版社

FOREWORD 引 言

在科学技术日新月异和社会经济飞速发展的当今世界,人力资源的质量越来越受到政府和社会的重视。随着信息化时代到来与知识社会的转变,大学生正面临着就业的严峻考验和挑战。毕业后向何处去?人生的路该怎样走?已经成为社会、学校、教师以及大学生亟待解决的问题。我们的决定决定了我们,选择了一种职业就是选择了一种人生,成功的人生离不开科学的职业规划。《大学生职业生涯发展规划》紧密结合时代发展步伐,帮助大学生在美好的职业生涯道路上,描绘出最绚丽的人生篇章。

关注大学生职业规划与发展,是知识经济时代全面提高大学生素质的客观要求,也是当前高等教育教学改革和发展的必然趋势。因此,帮助大学生系统掌握个人职业生涯规划与互联网时代职业发展的理论,激发大学生职业生涯发展的自主意识,树立正确的职业观念和职业理想,促使大学生理性地实施规划,不断提升职业发展和生涯管理能力,成为我们教育工作者当务之急。

本书在内容编排上具有新颖性和实用性,力求深入浅出,做到知识性、趣味性、应用性和政策性相结合。在编写的过程中,坚持理论与实践相结合,突出职业选择和职业定位、职业规划与设计、职业发展等内容的介绍;选材新颖,案例分析和点评以及深度阅读资料等内容不仅可以提高大学生的学习兴趣和拓宽知识面,也使本书具有较强的时代性、实用性和可操作性;坚持"以能力培养为主线"的原则,注重学生实践能力的培养和综合能力的发展;既强调职业在人生发展中的重要地位,又关注大学生的全面与终身发展。

本书安排了大量的任务项目内容,以提升学生的职业规划与发展能力。本书可作为大中专院校开设职业生涯规划教育课程的教材,也可以作为从事职业规划、咨询与培训机构以及相关人员的培训教材和自学参考书。

在编写过程中,北京海天恒基装饰股份有限公司襄阳职业教育研究院、襄阳市大学科技园提供了全面指导与大量案例,在此逐一鸣谢。本书参考了国内大量同类教材和资料,汲取了许多精粹,包括网络资源,谨借本书出版之际,向原作者表示衷心的感谢。

由于编者水平所限,加之时间仓促,书中难免会有不足、疏漏之处,恳请广大专家和读者批评指正,以便今后进一步修订和完善。

编 者

2020 年 9 月

第 1 章
职业生涯发展规划

引导语

爱尔兰戏剧家萧伯纳说:"人生的真正欢乐是致力于一个自己认为是伟大的目标。"大学时期是大学生成长、发展非常重要的一个阶段,是人生目标制订、实施与理想起航的港湾,是为将来成为一名合格的、优秀的职业人,社会人做好准备的黄金时期,因此各种规划显得非常必要。其中学业规划是职业规划与发展的基础,而职业规划与发展直接决定了整个人生发展的状态和满意度。对于新时期大学生而言,在网络时代如何强化自我管理,以互联网思维方式关注学业、职业与人生,具有很重要的现实意义。

听音频

学业、职业人生

> 愚昧从来没有给人带来幸福;幸福的根源在于知识。
> ——左拉(法)

第一节　学业规划

学业规划,是指为了提高求学者的人生职业(事业)发展效率,而对其与之相关的学业所进行的规划和安排。具体来讲,是根据对求学者的自身特点(性格特点、能力特点)和未来社会需要的深入分析、正确认识,确定其职业(事业)目标,进而确定学业路线,然后结合求学者的实际情况(经济条件、工作生活现状、家庭情况等)制订学业发展计划的过程。换言之,就是通过解决求学者学什么、怎么学、什么时候学、在哪里学等问题,以确保最大限度地提高求学者的人生职业(事业)发展效率,并实现个人的可持续发展。因此,学业规划的目的是使每位大学生在校期间都有明确而具体的学习目标和素质拓展方向,以及实现目标的分计划路径设计,让每位学生都成为一个有追求的人,让每位学生通过自己的努力顺利完成学业,成为在职场上有足够竞争力的优秀人才。因此,开展大学生学业规划具有非常重要的意义。

一、学业规划概述

案例导入

让心灵先到那个地方

20世纪著名的美国探险家约翰·戈达德,15岁写下《一生志愿》,内含127个目标,过了44年,他实现了其中的106个。小时候的他,每当有空的时候,总会拿出祖父在他8岁那年送给他的生日礼物——一幅已被卷了边的世界地图看。

15岁那年,这位少年一口气写下了127项人生的宏伟志愿:要到尼罗河、亚马孙河和刚果河探险;要登上珠穆朗玛峰、乞力马扎罗山和麦金俐峰;要驾驭大象、骆驼、鸵鸟和野马;要探访马可·波罗和亚历山大一世走过的道路;要主演一部《人猿泰山》那样的电影;要驾驶飞行器起飞降落;要读完莎士比亚、柏拉图和亚里士多德的著作;要谱一部乐曲;要写一本书;要拥有一项发明专利;要给非洲的孩子筹集100万美元捐款;等等。

毋庸置疑,这是一场马拉松式的人生征程。60岁时,他经历了18次死里逃生和难以想象的艰难困苦,完成了其中的106个目标。他常说的一句话是:我决不放弃任何一个目标,一有机会我就出发。当有人问他是什么力量促使自己成功时,他轻松地回答:"很简单,我只是让心灵先到达那个地方。随后,周身就有了一股神奇的力量。接下来,就只需沿着心灵的召唤前进就好了。"

"让心灵先到那个地方",多么富有诗意的回答。"那个地方"其实就是心中的目标,就是高耸在自己前行道路上的路标。

从幼儿园到小学、初中、高中直至大学,每一段学业都具有承上启下的作用。每一次衔接,都需要学生脱离旧的学习习惯,适应新的学习模式。但是,大学学业所要完成的衔接,与其他学段都不相同。以往更多的是从学校到学校,尽管学校的层级越来越高、学习压力越来越大,但担当的责任仍然主要是学习。而大学学业结束后,很多学生将从学校走向职场、走向社会,甚至建立自己的家庭,由消费为主转向生产为主、由受人照顾为主转向照顾他人为主、由单纯自我转向多元人生。因此,大学学业主要完成的是简单角色到复杂角色转换的充分准备,学业是大学生的立身之本,是大学生应当集中精力努力掌握的知识、能力与素质体系。大学阶段的学习,如同行走在通往人生的高速道路上。道路的一头,是相对比较单一的学生角色、子女角色;道路的另一头,是工作者、配偶、父母等多种角色逐渐加身,选择的空间、担当的责任也骤然加大。因此,大学学业需要为这些角色的扮演做好铺垫和准备。具备和拥有优质的学业,才会有良好的职业与人生。

1. 树立正确的学业观

大学生的学业是指在高等教育阶段进行以学习为主的一切活动,是广义的学习阶段,它不仅包括科学文化知识的学习,还包括思想、政治、道德、业务、组织管理能力、科研及创新能力等的学习。

观念是行动的先导,要完成好大学学业,首先必须树立正确的学业观。所谓学业观就是对所学专业、课业的态度和认识,它在很大程度上影响着大学生们的学习、生活乃至人生前景。然而当代大学生在对待学业问题上存在着种种误区:或将学业含义理解过窄,或对学业生活预期过高,或学业角色定位不准,或职业期望值过高,以致学业不精甚至荒废学业。为此,应正确处理如下四种关系:

一是正确处理学业与专业的关系。珍重自己的学业,努力学得其所,努力培养自己的专业兴趣,把自己的爱好和国家的需要及社会发展的要求有机地统一起来,掌握专业知识、专业技能和相关能力,培养自己的专业素质。

二是正确处理学业与职业的关系。在学习期间就应自觉地学习职业知识,培养职业技能,锻炼职业能力,以期在将来的从业竞争中立于不败之地。

三是正确处理学业与事业的关系。将自己现在的学业、将来的职业和未来的事业联系起来,在学习的过程中,充分认识所学专业在国家建设和社会发展中的意义、作用和发展前景,立志献身其中,在工作中充分实现自己的人生价值。

四是正确处理学业与就业的关系。就业与学业存在着密切的关系,就业是学业的导向,学业决定了就业。以就业为学业的导向,有利于大学生专业报考的选择、学业目标的调整、学习方式的改变、学习外延的拓展以及综合素质的提高。与此同时,就业也构成了衡量学业成就的重要标志。高质量就业必须具备强烈的事业心、广博精深的专业知识、较强的沟通协调能力、良好的心理素质和强健的体魄以及创新精神,这些都应当在完成大学学业过程中养成。

2. 大学生活从学业规划开始

大学生学业规划,就是大学生根据自身情况,结合现有的条件和制约因素,为自己确立整个大学期间的学业目标,并为实现学业目标而确定行动方向、行动时间和行动方案。换言之,就是大学生通过解决学什么、怎么学、什么时候学等问题,以确保自身顺利完成学业,为成功实现就业或开辟事业打好基础。对于大学生来说,只有及早设计自己的学业规划,明确自己的学业目标,提高素质优势,才有可能在将来激烈的竞争中把握住机会,获得成功。

做好学业规划能增强自我约束力和自我管理能力。没有学业规划,我们的时间、精力容易处于荒废和散乱之中,生活漫不经心,心态消极怠慢,很容易进入跟学业无关的琐事中,虚度大学美好光阴、浪费青春。而学业规划能让我们明白现在做的每一点都是实现未来目标的一部分,从而重视现在、把握现在,集中时间、精力和资源,完成学业。

做好学业规划能增强生活与学习的主动性。一份有效的学业规划,能够引导我们认识自身的个性特质、现有的和潜在的资源优势,对自己的综合优势与劣势进行对比分析,树立明确的学业发展目标与未来职业理想,评估个人目标与现状之间的距离,学会运用科学有效的方法,采取切实可行的步骤和措施,不断增强自己的学业竞争力,实现学业目标与职业理想。从大一开始就应该认清自己的学习发展方向,并在大学期间为自己的目标努力,而不是到快毕业了,才开始想自己到底想要干什么,改变以往的被动局面,由"要我学"变为"我要学"。

做好学业规划能促使大学生积极向上和自我完善。学业规划是我们努力的依据,也是对自我的鞭策。随着学业规划的每一个具体目标的实现,我们就会越来越有成就感,我们的思想方式及心态就会向着更积极向上的方向转变。好的学业规划为我们提供了完成学业的清晰图画,使自己对学业的实现过程有了清晰透彻的认识,进而更有信心、勇气,达到自我完善。

做好学业规划有助于自我定位。大学生要不断地了解自己、发掘自己的特点,进而不断地调整与修正,找出自己感兴趣的领域,确定自己能干的工作即优势所在,明确切入社会的起点,其中最重要的是明确自我人生目标,即自我定位。而学业规划确立的过程是一个有弹性的动态的规划过程,是一个认识自身优势与弱势、机会与挑战的过程,是一个自我定位、规划人生的过程,是一个明确自己"能干什么""社会可以提供给我什么机会""我选择干什么"等问题的过程,进而使理想具有可操作性,为进入社会提供明确方向。

3. 大学学业规划五步骤

一是学业规划选定。首先,分析自己的兴趣爱好,认定自己想干什么。兴趣是理想产生的基础,兴趣与成功几率有着明显的正相关性。要择己所爱,选择自己喜欢的专业方向和研究领域进行钻研和学习。其次,分析自己的能力、特长,确定自己能干什么。能力是人的综合素质在现实行动中的表现,是正确驾驭某种活动的实际本领和熟练水平。能力是实现人的价值的必要条件,也是支配人生命运的一种主导性的积极力量。因为任何一种职业都要求从业者掌握一定的技能,具备一定的条件,所以结合自己的兴趣爱好,在认定自己想干什么的基础上确定已经具备的能力和应该培养的能力。再次,分析未来,确定社会要求干什么。着眼将来、预测趋势,立足于社会不断发展变化的需求,选择社会需要又最适合发挥自身优势的专业方向和研究领域才是最好的。要把自己的兴趣爱好、能力特长同社会需要结合起来,把想干什么、能干什么和社会要求干什么有机地结合起来。

二是强化学业规划。当学业规划选定以后,很多大学生或束之高阁或虎头蛇尾,结果导致有了学业规划却不能实施或实施后不能持久,最终无法实现既定的学业目标。这些现象的出现是因为大学生在制订学业规划时缺少一个重要环节,即对学业规划的强化。强化学业规划就是规划执行者在执行之前充分运用想象,详细地罗列出完成学业规划的好处,从而培养出积极的心态,进而增强动力、产生更大的执行力,确保学业规划顺利完成。

三是学业规划分解。学业总目标制订以后,要能自上而下地分解,即制订学习计划。以本科四年为例,可以按照以下的思路进行:四年的总学习目标——一年的学习目标——学期的学习目标——月的学习目标——周的学习目标——日的学习目标。分解学业规划使得学业规划落实到学习生活的每一天，确保规划的严格执行。

四是学业规划评估与反馈。在实施过程中，要及时地对环境和条件做出评价和估计，对自己的执行情况做出评估。由于现实生活中种种不确定因素的存在，学业规划的设计必须具有一定的弹性，因此评估结果出来以后应及时进行反馈，以供自己反省和修正学业目标，变更实施措施与计划。同时应做到定期评估与反馈：每年、每学期、每月、每日进行检查评估与反馈，进而分析原因与障碍，找出改进的方法与措施。

五是激励与惩罚。激励措施能将人的潜能和积极性激发出来；惩罚可以防止惰性的产生。一定要制订出与阶段目标相对应的奖励和惩罚的措施：完成后怎样奖励自己，完不成将怎样惩罚自己。

4. 扎实的学业为就业开路

机遇总是垂青有准备的人。一个人的文化知识素质如何，将决定他在求职择业时的自由度和取得职业岗位的层次。大学是就业准备教育，绝大多数大学生一毕业后将走向工作岗位。我们应该为几年后的就业做好知识、能力、素质等全方位的准备，珍惜大学时光抓好学业，为未来的就业、创业、成功立业开山铺路。为此，根据社会发展和用人单位的需要，大学生应重点从以下三个方面抓好学业，做好就业准备：

一是构建合理的知识结构。坚持广博性与精深性、理论与实践、积累与调节相统一的原则，培养宽厚扎实的基础知识、广博精深的专业知识，构建合理的知识结构。这一过程没有捷径可走，其基本途径只能是学习和积累；也绝非一劳永逸，必须持续不断地付出艰辛劳动。只要采取适合自己的科学方法，并且不断努力、辛苦耕耘，就一定能建立和完善自己的知识结构，为顺利就业成才打下良好的基础。

二是锻炼较强的实践能力。知识并不能简单地与能力画等号，知识与能力是辩证的关系。在一定意义上，能力比知识更重要。因此，一名优秀的大学毕业生应把建构合理的知识结构、培养科学的思维方式和锻炼较强的实践能力统一起来，这样才能在择业、从业过程中立于不败之地。大学生应具备的基本能力包括表达能力、动手能力、适应能力、交际能力、管理能力、创造能力、决策能力等。培养实践能力的方法和途径主要有勤奋学习、积累知识，积极参与、勇于实践、启迪思维、发展兴趣等。

三是全面提高综合素质。知识、能力、素质是大学生社会化的三大要素。知识是素质形成和提高的基础，能力是素质的一种外在表现，没有相应的知识武装和能力展示，不可能内化和升华为更高的心理品格。但是知识和能力往往只解决如何做事，而提高素质可以解决如何做人。高素质的人才应该将做事与做人有机地结合，既把养成健全的人格放在第一位，又注重专门知识、技能和能力的培养，使自身得到全面、和谐的发展。因此，一名优秀的大学毕业生应把构建合理的知识结构、锻炼较强的实践能力和提高全面的综合素质统一起来。综合素质主要包括思想道德素质、专业素质、文化素质、身心素质等四个方面。四者相辅相成、不可分割，其中思想道德素质是综合素质的灵魂和根本，专业素质、文化素质和身心素质是基础。

二、学业规划实施

案例导入

叛逆少年的转变

欧阳鹏杰,1990年出生的湖南小伙。他被人们熟知,是因为他的插画,灵动、逼真、震撼。如果你不知道他,那你一定见过在网上传得很火的一组用圆珠笔画的《冰川时代》的手绘插画,那就是他的作品。人们知道他是一名擅长钢笔画、圆珠笔画手绘的自由画家、插画师,可几乎没人知道学生时代的他,可不是什么听话的好孩子,而是一个不折不扣的叛逆少年。

他和大多数90后一样,迷茫过,憧憬过,还叛逆着。他是老师眼中的搞蛋学生,被邻居当作反面教材,父母也恨铁不成钢……他几乎不被所有人看好。

但贵就贵在,他叛逆得很认真,认真到20多年来他只专注于一件事——用一支笔。当他终于意识到自己的不懂事之后,后悔不已。为了克服"网瘾",他选择坚持每天用圆珠笔、钢笔作画,让自己分散注意力。"画画能让我安静下来,什么都不用想。"18岁之前那段一天只睡几个小时的最艰苦的岁月,却是他最开心的记忆。功夫不负有心人,他终于用自己的刻苦和坚持换来了大学录取通知书。上了大学后,他仍然保持着绘画的习惯,创作出不少惊人的作品。

学业生涯规划是针对学生而言,在认识自我、了解社会的基础上,从自身实际和社会需求出发,确定职业发展的方向,制订在校学习的总体目标和阶段目标,拟定实现目标的步骤和具体实施方法的过程。

1. 学业生涯的特点

学业生涯具有以下几个特点:① 独特性。每个人的生涯发展都是独一无二的,学业生涯也是如此。学业生涯是学生依据自己的人生理想,为了自我实现而逐渐展开的一种独特的学习历程,不同的学生有不同的学业生涯,也许某些学生的学业生涯有某些相似之处,但实质可能是完全不一样的。② 发展性。人是生涯的主动塑造者,学业生涯是一个动态的发展历程,学生在学校学习的不同阶段会有不同的要求,这些要求会不断地变化与发展,学生也会因此而不断地成长。③ 综合性。学业生涯以学生角色的发展为主轴,也包括其他与学习有关的角色,如公民、子女等涵盖人生整体发展的各个层面的各种角色。

2. 学业生涯规划的原则

制订学业生涯规划需要遵循以下几个原则:① 可行性原则。学业生涯规划是针对学生的实际做出的,所谓可行性就是指制订出来的学业生涯规划应切实可行,具有现实性、可能性和可操作性,每个阶段的目标以及达到目标的方法应力求科学、合理,是经过努力能够实现的。② 可调节原则。学业生涯规划具有发展性的特点,不是孤立的、静止的,应该能够根据社会需求的发展变化与学生个体主观条件的变化随时修正,比如在阶段性目标上,可以根据进展的程度,酌情提高目标或降低目标。③ 最优化原则。应力求做到身心和谐,使个人的性格、兴趣、知识和能力等与目标和谐统一,实现优化组合。④ 共性与个性相结合原则。学业生涯规划既要反映学生发展的共性问题,又要满足学生各种需求,有效地培养和发展学生的兴趣、爱好、特长,使学生的先天禀赋和个性潜能得到充分发展。

项目训练

大学生如何有效进行时间管理与规划?

第二节 生涯规划

案例导入

登高望远 一目了然

又值毕业时节,即将毕业的同学们都为了未来的出路各自忙碌,小范却陷入了选择的纠结中。在刚刚结束的考研中,他并没有发挥好,心里很不甘,想要再考一年;父母和女友却希望他早点工作,成家立业。当作为儿子、男友的责任与自己的理想冲突时,该何去何从? 郁闷之下,他敲开了学校就业指导中心的大门。老师微笑着听完了他的话,而后一言不发地带他来到了教学楼。在一楼的楼梯前,小范在老师的示意下环顾四周,目光所及,寥寥数物。老师笑而不语,带他拾级而上。自二楼往下,视野狭小,目光所及之处不过百米。而登两层,略显广阔,方圆一里可尽收眼底。及至顶楼,凌空俯瞰,视野豁然开朗,百里风光,尽收眼底。

可是,带他来这里究竟有何用意? 小范疑惑地望向老师。老师依旧微笑,目光睿智。望着眼前的开阔风光,蓦地,小范明白了老师的用意:登楼时,每一层可进一步见到开阔景象,一个个小的景点也鲜活起来,彼此之前的阡陌纵横更加清晰可见。而职业选择何尝不是一个需要登高和跳离的过程,选择时必须站在更高的地方往下看。用整全的人生视角来考虑当下的职业选择,职业景观才可更好地构筑人生风景,人生风景也会更加靓丽深远。

听完他的感悟,老师终于颔首肯定:正是需要"跳出职业看职业""登高望远",才可以更好地进行人生规划。

根据人生发展与职业规划的关系,职业规划须务实当下(学业规划),基于人生(人生规划),立足长远(职业生涯),在对整个人生思考的统领之下,完成一步步的连接和转换。

一、生涯的含义

"生涯"是富有学术化色彩的词语,生活中经常使用的是"人生"一词。在本书中,生涯指的是生命从开始到结束的历程。

生涯,辞海里有三种含义:一是一生的极限,沈炯《独酌谣》:"生涯本漫漫,神理暂超超。"二是生活,刘长卿《过湖南羊处士别业》:"杜门成白首,湖上寄生涯。"三是生计,马致远《汉宫秋》楔子:"番家无产业,弓矢是生涯。"

我国辞海对于"生涯"的解释既有时间的范围——即生活,又包含生计(工作)。美国心理学家舒伯(Donald E.Super,1976)的"生涯"概念也融入了丰厚的内涵:生涯是生活里各种事态的演进方向和历程,它统合了人一生中的各种职业和生活角色,由此表现出个人独特的自我发展形态。

让我们结合美国苹果公司创始人史蒂夫·乔布斯,从长度、宽度及厚度来分析生涯的含义:

史蒂夫·乔布斯(1955—2011),美国苹果公司创始人、前CEO。1976年乔布斯和26岁的沃兹尼艾克成立苹果电脑公司。乔布斯先后领导缔造了麦金塔计算机、iPad、iPod、iTunes Store、iPhone等诸多具有世界影响力的知名数字产品。1985年获得里根总统授予的国家级技术勋章;1997年成为时代周刊封面人物;2007年被《财富》杂志评为年度最伟大商人;2009年被财富杂志评选为这十年美国最佳CEO,同年当选时代周刊年度风云人物;2011年8月24日乔布斯辞去苹果公司CEO一职;10月5日因病逝世,享年56岁。

乔布斯的生涯缔造了一个硅谷风险创业的传奇,他将美学至上的设计理念在全世界推广开来。他对简约及便利设计的推崇为他赢得了许多忠实追随者。乔布斯与沃兹尼亚克共同使个人计算机在70年代末至80年代初流行开来,他也是第一个看到鼠标的商业潜力的人。

1. 生涯长度

"生涯长度"指的是生命从开始到结束两个端点之间的跨度。不仅包括绝对的长度,还包括人生一段段的"阶段性"边际。

从生物学的属性看生涯长度,生涯演进是单向的,出生—成长—衰老—死亡,具有不可逆性。我们无法掌握自己的人生会有多长,因此,在生涯长度的生物属性面前,常会有无能为力的无奈感,也会有时不待我的紧迫感。

但另一方面,我们可以在一定的限度与范围内去改变或增加生涯长度,顺应生物节律,加强保健与锻炼,以期延缓衰老。俗话说:健康是"1",而家庭、事业、朋友、成就等是"1"后面增加的"0"。没有了"1",其他的"0"就毫无意义。而这个"1",是我们可以有限改变和塑造的部分。

2. 生涯宽度

所谓生涯宽度,指的是不同生命角色之间的跨度。按照舒伯的说法,生涯包含九种生命角色,生涯便是在这九种生命角色之间铺陈、转换、递进的过程。

"角色"一词的本意是面具。做什么角色,就要入什么角色的"戏",角色赋予了人物身份、期待和要求。我们大部分人在一生中都会扮演好几个角色,谓之"角色丛"。舒伯提出九种主要的人生角色,依次是子女、学生、休闲者、公民、工作者、夫妻、家长、父母和退休者。仔细分析这九种角色,可以发现:有的角色与自我有关,如休闲者;有的与社会有关,如公民。

在史蒂夫·乔布斯的一生中,可以看到他在家庭中逐渐扮演着子女、丈夫、父亲的角色,在职业上从学生过渡到工作者;在社会层面,乔布斯一生都在诠释着"美国公民"的角色内涵。

九种角色中,除了有不同领域的分布外,还有其他的分类:有些为关系角色,有些为活动角色;有的是被动承担的角色,有的是主动选择的角色。如子女、夫妻、家长、父母是关系角色,学生、工作者、休闲者、退休者、公民是活动角色;子女角色是被动承担的,而学生、夫妻、家长、父母等角色,大多是可以自主选择的。

可见,我们在生涯角色的选择上拥有选择的自主权,这种自主权体现在两方面:一是承担什么,二是承担多少。即使是不能自主选择的角色,也可以决定对其投入的时间及精力的多少,彰显了生涯的主动性。

3. 生涯厚度

所谓生涯厚度,指的是个体在不同生命角色上投入的深度。同一角色的深度往往会随着事件的变化而有所变化,而不同角色的深度在同一时间会呈现出此消彼长的状态,如职业女性在平衡工作与家庭的关系时出现两个角色交叠的情况。

在人生的头几年,父母家庭构成了子女全部的生活世界,因此子女角色是个体唯一的角色。随着年龄增长,个体逐渐从家庭进入学校和社会,从幼儿园、小学、中学至大学,伴随着求学的轨迹和学生角色的增长,在时间和精力的分配上,与父母的相处减少,子女角色的比重开始降低。随着工作,逐渐建立自己的家庭,在子女角色的投入上降到最低。直至人到中年,因为父母的逐渐衰老及疾病滋扰,要更多地关注、照顾父母,其子女角色的比重又会上升。

夫妻、父母及家长角色是我们成年之后随着家庭关系的建立逐渐被赋予的角色,也是自成年之后会持续一生的角色。虽然我们对于这些角色的理解很多来自原生家庭的影响,但大学阶段是为它们做准备的时期。大学阶段是否良好的情感关系、有较强的责任感、有对于家庭的清晰展望,直接关系到我们在大学阶段的生活状态以及今后各方面的平衡发展。

学生角色会在几个集中性的求学阶段达到高峰。之后走上工作岗位,最初几年面临着对工作的适应和将学校所学知识学以致用的任务,因而在学习角色的投入上会有所降低。随着适应工作中新要求的需要,工作者希望进一步学习和深造以更新知识和工作技能,这时会将部分或全部精力投入在职或脱产学习中,从而学生角色会再次达到高峰。学生与工作者角色的起起落落,组成了我们大部分的职业生涯发展状态。至退休以后,许多人选择参加老年大学或以多种形式丰富退休生活,学生角色的投入还会再一次上升。

休闲者也是伴随个体一生的角色,对其投入的多少与个人的价值观、生活方式有关。对其投入不仅是时间和精力的多少,还存在满意度的问题。许多人一方面向往休闲,另一方面又不知该如何休闲,这里包括了休闲太少或休闲不当的问题。从休闲者与工作者的关系来看,休闲者角色既可以作为工作者角色的有益调剂,也可以作为其重要补充。当自身与职业比较协调时,休闲者角色会成为工作者角色的有益调节和平衡;当自身与职业要求存在诸多不匹配、不平衡,甚至是冲突,无法很好适应的时候,休闲者角色会成为工作者角色的重要补充,甚至在其中能够逐渐发展出工作者的角色。因而,如果将休闲者的角色扮演好,将会对个人积极学习、高效工作、快乐生活有着重要的保障作用。

工作者角色可能不需要贯穿人生的始终,但它是所有角色中在单位时间内需要投入精力最多的一个。对于个体而言,工作不仅意味着养家糊口,而且是形成社会联系的平台和纽带,更是自我实现的基点,即中国人所说的"安身立命"主要是通过工作者角色来完成的。因而从完成学业直至退休,是对于工作者角色投入最多的阶段。

在对以上角色的描述中,可以看到它们是相互联系、相互作用的,它们彼此之间有着齐头并进或此起彼落的关系。在相应的时间履行相应的角色,且将角色的范畴、投入程度在整个生涯长度的轴上进行分配,这就是舒伯(Donald E.Super)提到的生涯彩虹。

二、生涯彩虹

生涯的长度、宽度和厚度,给出了宏观了解生涯的思路和构架,而舒伯提出的"生涯彩虹"理论则是这三个维度的系统体现。舒伯认为,人生的整体发展包括时间、领域和深度三个层面。

1. 时间层面

时间层面即我们所说的生涯长度。舒伯按人的年龄和生命历程划分为成长、探索、确立、维持和衰退五个阶段。

2. 领域层面

生涯的领域层面或范围层面,就是我们所说的生涯宽度,是指一个人终其一生所扮演的各种不同角色。

3. 深度层面

深度层面即我们所说的生涯厚度,指一个人在扮演每一个角色时所投入的程度(生涯彩虹图中用阴影表示)。

生涯彩虹图(如图1-1所示)说明了人生各个角色的投入程度随着时间维度的变化而发生的一般性变化过程。它为我们提供了一个参考框架,提供了一个思考平台,审视自身对于职业、家庭及其他生涯领域的关注程度。从彩虹图中,我们可以看到:首先,人生的每个阶段都有当下最重要的角色及任务,因此角色安排应有轻重缓急。其次,人生的大部分阶段都不会只有单一的角色,因此,要学会角色的调配与平衡。再次,工作者角色发生在人生最精华的年龄段(25岁至65岁左右),从长度、宽度、厚度来看,都占据了极其重要的部分,因此,职业角色是我们一生的核心角色,需要特别关注。

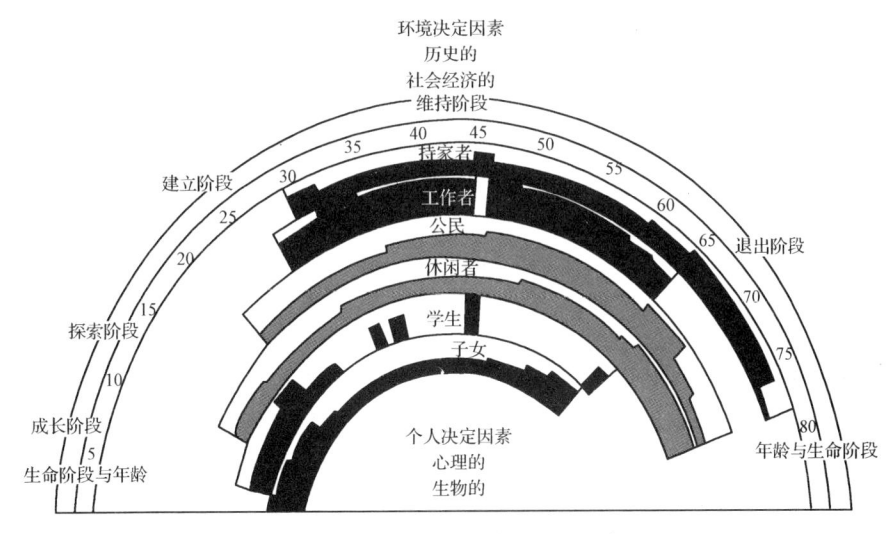

图 1-1 生涯彩虹图(舒伯,1980年)

注:图中未将"退休者"列入;夫妻、家长、父母等角色并入"家长"一类中;"儿童"指子女。

生涯彩虹图中将生涯长度、宽度及厚度做了立体、直观的呈现,但仅仅从长度、宽度、厚度三个维度来看生涯,还只是以静止的观点来诠释它的含义。对个体而言,生涯的意义绝不仅仅是用静态来分析的,而是要更加关注生涯角色如何在所处的环境(家庭、学校、社会环境、工作场景等)中通过各种计划或非计划事件(如上学、入职、结婚、升职、生育、退休等)加以铺陈与演进,以及人是如何在这个过程中促进、成就自身发展的。

项目训练

绘制自己的生涯彩虹图。

第三节 职业生涯发展规划

一、职业生涯概述

1. 职业生涯的含义

一般意义上讲,生涯指人的一生。在人的一生中,存在着不同的生命周期空间,有生物社会生命周期、生物生命周期、家庭生命周期和职业生涯周期。其中,职业生涯周期是人生存和发展的前提条件,它从任职前的职业教育,到寻求职业、就业从业、职业转换,逐步晋升,直至完全脱离职业工作,占据了人生大部分时间。因此,职业生涯对个人及其家庭都有着十分重要的意义。

职业生涯就是个人在人生中所经历的一系列职位和角色,它们和个人的职业发展过程相联系,是个人接受教育培训以及职业发展所形成的结果。从职业发展的过程来看,职业生涯被看成是"在个人的一生中,由于心理、社会、经济、生理及机遇等因素相互作用所造成的工作、职业的发展变化"。因此,职业生涯是指一个人一生中从事职业的全部历程,这整个历程可以是间断的,也可以是连续的,它包含一个人所有的工作、职业、职位的外在变更和对工作态度、体验的内在变更。

2. 职业生涯的特性

(1) 独特性。每个人都有自己的职业条件,有自己的职业理想,有自己的职业选择,有为实现自己的职业理想所做的种种努力,从而有着与别人相区别的、独特的生涯历程。

(2) 发展性。每一个人的职业生涯,都是一种发展、演进的动态过程。就整体而言,职业生涯是一个具有一定逻辑性的过程。

(3) 阶段性。每个人的职业生涯发展过程,都有着不同的阶段,可以分为不同的时期。人在不同的生涯阶段有着不同的目标和任务,职业生涯各个阶段之间具有递进性。

(4) 终身性。每个人的职业生涯作为一种动态发展的历程,是根据个人在不同阶段的需求而不断蜕变与成长,直至终身的。"老骥伏枥,志在千里",正反映了人生晚期在职业生涯方面的英雄气概。

(5) 整合性。由于个人所从事的工作或职业,往往会决定他(她)的生活状态,而且职业与生活两者之间又很难区别,因此,生涯应具有整合性,涵盖人生整体发展的各个层面,而非仅仅局限于工作或职位。

(6) 互动性。人的生涯是个人与他人、个人与环境、个人与社会互动的结果。人的"自我"观念,人的主观能动性,个人所掌握的社会职业信息、所掌握的职业决策技术,对于其生涯有着重要的影响。

人们的职业生涯是一个充满着变化的历程,在这个过程中,职业道路选择、职业发展和事业成功,都会受到个人、家庭、社会多方面的影响。

3. 职业生涯规划的作用

职业生涯规划通过对职业发展目标及其实施方案的安排,为职业发展提供方法和支持,因此,职业生涯规划是强化自我管理、有效开发与利用自身智能的重要手段。其主要作用体现在以下几个方面:

(1) 职业生涯规划可以使个人获得适宜性发展。职业规划依据个人的特点和兴趣进行人才配置和开发,考虑了自己的特殊需要,并据此设计不同的职业发展途径;可以激发工作热情,挖掘工作潜力,做到人尽其才、才尽其用,从而能够促进自我的发展。

(2) 职业生涯规划能帮助个人确定职业生涯发展目标。职业生涯规划通过对个人的分析,认识自己、了解自己,正确评估自己的能力、兴趣、性格、需求,并通过对环境的分析明确自己的优势、劣势、发展机会和限制。通过这些分析,正确设定适合主观条件和客观环境的职业发展目标,并制订行动计划,使自己的才能得到充分发挥,实现自己的人生理想。

(3) 职业生涯规划能激励个人努力工作。人才分为三类:一类人才是自己可以激励自己;二类人才是通过别人激励自己;三类人才则没有激励的动力源泉。而职业生涯规划通过为个人的努力提供明确的目标,强调自我管理、自我激励,所以职业生涯规划必须是具体的、可以实现的,否则就会降低其激励性。

(4) 职业生涯规划能评估目前工作成绩。职业生涯规划的一个重要功能是提供了自我评估的重要手段,个体可以根据自己的职业生涯规划对目前的工作业绩进行评估,根据获得的反馈信息,找出差距,并据此制订或调整自己的职业生涯开发策略。因此,职业生涯规划必须是具体的,规划的实施结果必须是可以衡量的。

二、"互联网+"时代职业发展趋势

案例导入

互联网+打车

从 2014 年 1 月开始,阿里巴巴和腾讯为了争夺移动支付用户,分别投入巨资在新兴的打车应用市场掀起了一场互联网大战——打车大战!阿里巴巴和腾讯不仅出资请使用智能手机的精明消费者乘坐出租车,还慷慨补贴出租车司机,目的就是在用户中推广各自的打车应用软件——"快的打车"(部分属于阿里巴巴所有)和"滴滴打车"(部分属于腾讯所有)。导致的结果是:司机乐呵——收入增加,空驶率减少;消费者众口难调——打车大战帮助节约出行成本,弱势群体仍无法受益;打车 App 火了——补贴战下迅速占领市场,切入租车/专车领域,未来占据流量入口;调控中心有了紧迫感——于是提升服务质量,打造区域品牌;监管部门平衡——堵不如疏,建立有序服务生态;行业影响——互联网行业需要砸钱来加速验证商业模式。

(一)"互联网+"概述

百度百科对"互联网+"的定义:"互联网+"是创新 2.0 下互联网发展的新业态,是知识社会创新 2.0 推动下的互联网形态演进及其催生的经济社会发展新形态。"互联网+"是互联网思维的进一步实践成果,推动经济形态不断地发生演变,从而带动社会经济实体的生命力,为改革、创新、发展提供广阔的网络平台。通俗来说,"互联网+"就是"互联网+各个传统行业",但这并不是简单的两者相加,而是利用信息通信技术以及互联网平台,让互联网与传统行业进行深度融合,创造新的发展生态。

国家发展和改革委员会的一份报告对"互联网＋"的概念进行了解释:"互联网＋"代表一种新的经济形态,即充分发挥互联网在生产要素配置中的优化和集成作用,将互联网的创新成果深度融合于经济社会各领域之中,提高实体经济的创新力和生产力,形成更广泛的以互联网为基础设施和实现工具的经济发展新形态。

(二)互联网对传统行业的改变

商业的本质不会发生变化,"互联网＋"更像是催化剂,提升实体经济的核心竞争力。产业价值链的各个环节,以及企业经营各个层面都有可能被改变。互联网对传统行业的改变大体会经历四个阶段:营销的互联网化—渠道的互联网化—产品的互联网化—运营的互联网化。

(1)营销的互联网化。传统行业将互联网作为一种新的营销途径使用,如从在杂志上做广告转移到微博、微信上。

(2)渠道的互联网化。线上渠道具有很多明显的优势,如较低的成本和门槛等,尤其在2008年经济危机爆发后,由线下转战线上的传统企业越来越多。另外,在电商巨头的刺激下,更使得线下的企业不得不进行互联网的转型。

(3)产品的互联网化。从2010年开始,最为经典的案例便是小米公司的快速成长和崛起。

(4)运营的互联网化。通过与互联网融合,传统企业实现数字化和网络化,获得可持续的发展。

(三)"互联网＋"影响下三大产业面临的机遇与挑战

案例导入

"互联网＋服务业"十大细分行业典型案例

阿姨帮:一个男人带领一帮阿姨"自我颠覆"(互联网＋家政);
叫个鸭子:满足你对鸭子的一切幻想(互联网＋餐饮);
爱鲜蜂:盘活社区小店资源(互联网＋社区);
爱屋吉屋:无门店免中介的新型租房(互联网＋房地产);
河狸家:解放美甲师生产力,让手艺人上门(互联网＋美业);
养车点点:用O2O激活汽车服务后市场(互联网＋汽车服务);
e袋洗:把洗衣服变成互联网产品(互联网＋洗衣);
极客学院:课程众包＋大数据＋个性(互联网＋教育);
婚礼纪:以请帖为切入的婚庆平台(互联网＋婚庆);
宝驾租车:私家车分享经济的践行者(互联网＋交通出行)。

1. 第一产业:农业"互联网＋"的机遇和挑战

互联网农业的三种主要模式包括:一是运用互联网技术实现自动化、精准化操作的智能农业模式;二是利用互联网的强大营销能力,创建廉价且高效的营销入口;三是借助互联网的整合能力,打造营销、金融深度整合的产业链模式。这三种模式是依次推进状态,如今乐视已经宣布进军农业,成立乐视互联网生态农业(北京)有限公司,并公布了乐视农业的全盘布局,上线食品电商平台"乐生活"。

2. 第二产业:工业"互联网＋"的机遇和挑战

工业互联网将伴随着两大革命性转变:一是工业生产方式的革命,出现无数新型机器、设备、机组和工作站;二是工业信息网络革命,相应的计算、信息与通信系统应运而生并不断发展,改变了信息处理和传递方式。互联网将用户需求通过网络信息平台及时反馈给工业厂商,并通过反馈进行产品的修改调整,同时也可以将客户的个性化需求进行分门别类,通过工业模块化的组合进行个性产品的制作,这一趋势极高推动了工业智能化的发展和工业需求效率的满足。

3. 第三产业:服务业"互联网＋"的机遇和挑战

第三产业作为服务类业务为主的综合性产业,以充足的开放性和多样性,在"互联网＋"时代呈现出最为丰富的产业发展状态。由于信息鸿沟缩短,用户可以主动寻求自己想要的服务,而服务商也可以通过更加直接、更加互动的方式,主动挖掘用户的需求痛点,进行及时改进,使服务质量和便捷性得到提升。如早上打开朋友圈查看朋友分享的新闻,出门前用打车软件叫车,OA 里的待办事项可以及时通知,订餐可以用 App了……

4. "互联网＋"时代频现新职业,心态需转变

伴随互联网的深入人心,很多传统行业都发生了巨变,尤其是就业市场,衍生出很多新职业,为即将踏入职场的大学生带来了全新的机遇与挑战。

衍生新职业。如今,互联网已经渗透到生活的方方面面,满足了大众出行、饮食、娱乐、学习等各类需求,因此很多新职业的衍生在一定程度上满足了人们对"坐享其成"的幻想。这些职业时间随意,收入任性,是很多00后心目中的理想工作。

职场新变化。趋势一:创业门槛越来越低。趋势二:短工化趋势明显。趋势三:二线城市受青睐。趋势四:"一技在手"得到认可。趋势五:招聘难与就业难并存。

(四)"互联网＋"时代的行业

国家倡导"大众创业、万众创新",互联网就业必然是今后的热门方向。在"互联网＋"之下,未来发展连接与聚合成为"互联网＋"时代的主旋律;产业互联网化、金融化成为大趋势;个性化、定制化需求时代来临;O2O 将成为服务互联网的主要模式;进入智慧工业时代;等等。"互联网＋企业"是新时代的产物,代表着互联网与传统企业的有机结合。"互联网＋零售"产生了淘宝;"互联网＋汽车"产生了汽车之家;"互联网＋旅游"产生了携程;"互联网＋分类广告"产生了58同城;"互联网＋通信"产生了即时通信……互联网对我们的"衣、食、住、行、医、育、就业、创业、人才招聘"都产生了巨大的影响,让我们获得更加舒适便捷的生活体验。互联网＋母婴类产品/亲子类项目、互联网＋环保类产品、互联网＋健康餐饮、互联网＋教育、互联网＋医疗等为今后学生就业提供更多新平台。

（1）互联网＋工业。随着信息技术与传统制造行业的融合越来越深，信息与生产互联的网络在这里形成并创造价值，传统工业制造变得起来越智能，不仅大大降低了生产过程的人工成本，同时流通环节得到大幅度精简，用户的个性化需求也得到更大程度的满足。

（2）互联网＋农业。互联网农业运用模式总结为三种：一种是充分利用互联网技术的智能农业模式；一种是综合利用互联网营销的电商模式；一种是互联网与农业实现深度融合的产业链模式。比如打造现代互联网农业品牌，通过品牌运作整合产业链各环节，发展有机农业、旅游农业、休闲农业、循环农业、高科技农业，甚至农业金融等。

（3）互联网＋金融。互联网在金融行业各个环节的渗透和发展，正在突破和改变传统的金融体制，为众多中小企业公司提供了更多发展机会。互联网金融的主流商业模式大概有四种：第三方支付平台模式、P2P网络小额信贷模式、大数据金融服务平台模式和众筹融资模式。移动互联网浪潮下，互联网金融有六种主要创新模式：移动支付、移动理财、移动交易、微信银行、App模式、O2O模式。

（4）互联网＋医疗。互联网医疗是互联网在医疗行业的新应用，包括以互联网为技术手段和传播载体的远程治疗、电子处方、在线疾病咨询、疾病风险评估、医疗信息查询等医疗健康服务。与传统医疗行业相比，在线医疗有很多特定优势，支撑其快速发展：提高效率、降低成本、实现合理的资源配置、满足个性化医疗需求。

（5）互联网＋教育。在线教育目前有MOOC模式、水平课程平台模式、软件模式、网校教育模式、"云学习"模式等。对目前中国教育现状来说，在线教育的发展将是中国教育事业实现全面变革的重要突破口，不仅可以推动中国人才培养模式的变革，摘掉应试教育的帽子，还可以促进新型人才的成长和发展，为我国的人才强国战略创造良好的条件。

（6）互联网＋旅游。随着人们生活水平的提高以及物质和文化需求的日益增长，越来越多的人选择在学习或工作之余进行一场旅游。随着互联网的普及，越来越多的人习惯于在线搜索旅游，并在网上预订机票和酒店。

（7）互联网＋地产。近几年，房地产发展遭遇了瓶颈，整个行业面临重新洗牌，开发商们纷纷摸着石头过河，带领企业向互联网化转型。房地产要实现互联网转型，必须以用户为核心，将用户体验做到极致，包括生活方式的体验、生命质感的体验、自我价值的体验等，实验体验价值最大化。

（8）互联网＋汽车。高昂的运营成本以及互联网的冲击，使得4S这一传统的汽车消费模式正在被颠覆。随着国内越来越多汽车限购政策的出台，从汽车销售到汽车制造，从汽车金融到汽车智能系统，互联网已经入侵汽车产业的全部环节。

如果我们把"互联网＋"的含义概括为一个公式，应该是：互联网＋传统××行业＝互联网××行业。即互联网＋传统金融行业＝互联网金融行业；互联网＋传统医疗行业＝互联网医疗行业；互联网＋传统旅游行业＝互联网旅游行业……互联网的魔力，就像Wi-Fi的符号一样，正在由近及远辐射到各个行业。

（五）"互联网+"与大学生就业

1. 互联网就业趋势转变

在互联网时代下，行业的平台效应愈加明显，在其生态圈内创造了更多的就业机会；平台型就业逐渐浮现，同时创业式就业热潮快速发展；互联网行业人才的就业面貌也有别于传统行业，呈现出年龄低、工龄短、学历高等特点。"互联网+"与大学生就业创业存在必然的联系。一方面，"互联网+"整合了各方资源，对及时了解各类就业信息具有重要优势，为大学生就业与创业节省了大量的时间、资金，从而有效提高了大学生就业与创业的成功率，为规划、整合人才流向奠定了一定的基础。另一方面，大学生作为建设社会主义的主力军，对探索与发展互联网技术表现出前所未有的热情，这不仅能推动互联网技术的更新与发展，也有利于大学生开辟新的就业行业与渠道，从而为完善大学生知识与技能体系提供了条件。

"互联网+"时代，大学生就业趋势的转变主要有以下几个方面：

一是"互联网+"时代，就业对大学生的要求已经逐步开始转变为应用型人才的需要，蓝领普遍得到社会的认可。作为一个"一技在手，走遍天下"的时代，技术的掌握越来越重要，一门技术的掌握和拥有高学历是一样重要的。作为大学生，在就业的过程中要明确自己在大学里学会什么样的技能，因为企业在招聘大学生时不会给过多的时间让什么也不会的大学生重新学习培训的，企业最喜欢的毕业生就是一来就可以工作的应用型人才。互联网+时代，技术是大学生就业的一个重要的砝码。

二是"互联网+"时代，就业的地域性改变也是有变化的，过去大学生毕业后普遍认为一线大城市环境好、就业机会多、就业工资高，都喜欢到一线大城市就业，但实际情况一线大城市的生活压力越来越高，年轻大学生想在一线大城市立足十分困难。二线城市就业压力没有一线城市大，就业机会也不低于一线城市。因此从现有的就业趋势来看，更多就业主力军涌向二线城市。作为高校大学生，必须转变自身的就业观念，要有服务地方和建设社会的想法，要真正把握自身的就业特点，为自己就业做更好的规划。

三是"互联网+"时代，新的就业趋势已经显现，企业的招聘难和学生的就业难问题开始并存，一方面企业招不到人或者招不到满意的人；另一方面大学生就业率不高，满意度不高。在这种矛盾的市场需求下，尤其是在近年来社会结构的产业转型中，用人单位对人才的要求和学生自己学习的知识结构是十分不匹配的，用人单位要求的和学生学习的有很大差距。在新形势下，大学生必须要掌握自己的就业特色才能找到满意的工作。

四是"互联网+"时代，自主创业已经成为大学毕业生们重要的职业选择。在"互联网+"时代，创业门槛大大降低，给有创意、有梦想的年轻人创造了一个前所未有的好时机。

2. 互联网时代就业方式转变

新时代，是跨界创新融合的时代，也是生产力大爆发的时代，在新时代发展过程中很多行业在消失,然而与"互联网"相关的行业却在增加。互联网时代是一个创新的时代,需要具有创造力和创新力的大学生为社会的发展增添活力,在"大众创业、万众创新"的大背景下,需要大学生有创新精神,只有在新时代的就业趋势前提下,加强自己的创新能力和就业能力才能就好业。

缓解大学生就业难的三条路径:

一是学习新时代的"新"基础知识。在应试教育传统盛行、仕途文化深重、暴富心理蔓延的影响下,在创新、创业、创造为基因的 IT - DT -互联网新时代,大学生面临传统—文化—心理诸方面的猛烈冲突与困难抉择。

二是不要仅盯住工资高、福利好的大公司。一般来讲"大公司"或"国企"凭借资源优势,就业环境和福利条件比起其他单位要好得多。但是,大公司为了提高效率,一方面大量使用机器人和软件,另一方面会大量使用"廉价劳动力"。近年大量毕业生从大公司退出进入小公司特别是初创企业,一般来讲,这样的雇主都具有创新精神,年轻时尚,与大学毕业生没有代沟,很受具有创新精神的大学毕业生青睐。

三是大学生应当利用"天时地利人和",勇于创新,敢于创业。大学期间创业,没有当"三奴"(房奴、车奴、孩子奴)的压力,有志同道合同学的陪伴,有不同专业特长老师的指导,试错成本和机会成本低,是大学生创业的极好时机。未来创业的三个方向:把闲置的资源重新优化分配出来;把复杂的事情简单化,行业垂直;颠覆一些固有的模式。

3. 大学生就业互联网思维

伴随着新经济时代和信息革命成长的新生代大学生,作为互联网时代的原住民,面对没有最难只有更难的就业形势,总可以利用互联网为未来就业探索和职业发展做些什么。眼界决定世界,思路决定出路。谁也无法拒绝互联网时代的风浪,新生代大学生需要把握大势、顺势而为,开启和运用互联网思维,寻求就业困境的自我发展之道。

一是用户思维。在高等教育大众化背景下,新生代大学生就业应该以劳动力市场需求和自己的职业发展为导向,深入理解行业需求、组织要求和岗位要求,提升和保持自己的学习能力、培养和开发可雇佣性,寻求自己与用人单位的匹配点。在大学毕业生供给充分、就业竞争激烈的市场环境下,只有深度理解雇主和用人单位的需求才能更好地生存和适应,在为雇主和用人单位创造价值的同时才能更好地分享回报。

二是聚焦思维。新生代大学生对新事物、新媒体和新技术的适应和接受能力较强,但如果面对海量的信息冲击没有鉴别和选择能力将是一种巨大困扰。在市场越来越细分、社会分工越来越精专的背景下,成功不仅重在把握机会,还在于拒绝诱惑,学会利用互联网搜集和挖掘有价值的资讯信息,自觉屏蔽和抵御垃圾资讯信息。对于新生代大学生的专业学习和就业探索,很多领域都有所涉猎,可能会导致看上去什么都行,其实什么都不行的尴尬困境;当专心投入某个领域、立足某个岗位进行准备和修炼时,一个简单的动作练到极致就能成为绝招。

三是极致思维。新生代大学生的就业探索和职业发展,如果能够与雇主和用人单位在合作的过程中达成共识、形成共鸣、产生共振,始终能够"以用户为中心",遵循"用户体验至上",给"用户"带来远超预期的满意和特别意外的惊喜,必将有更好的职业成长与发展。有些职场新人心浮气躁、急于求成,对于升职、加薪、担当、前景、条件等各方面斤斤计较、讨价还价,而对于自身的学习、经验的积累、能力的提升却不那么关注,抱着"钱多多干,钱少少干,没钱不干"的心态做事情,这样的员工永远无法获得雇主和用人单位的提携和重用。如果职场新人更关注自己的成长和修行,愿意做事、能够做事、能够成事,就算是月薪三千也展现出月薪八千的范儿,肯定能够赢得用人单位和雇主的另眼相看。

四是交互思维。跑招聘会海投简历、通过网络群发简历找工作的模式在互联网时代已经过时了,在目前的在线招聘市场,垂直细分招聘、职业社交招聘、分类信息门户网站招聘和新媒体招聘等模式对传统网络招聘提出了极大的挑战,都在用互联网思维创新和重构自己的招聘模式,以实现供需双方的及时交互和精准匹配。很多用人单位的招聘官在面临岗位空缺时,第一时间想到的一般不是打招聘广告,而是借助各种各样的微圈子寻求合适的人员推荐。新生代大学生可以通过博客、微博、微信、QQ 群、专业论坛等链接各种各样的 HR 圈子,有针对性地参与相关专业人士发起的话题讨论,为自己创造合适的就业路径,绝不要做一个被动等待的、默默无闻的粉丝。在一个人人都有麦克风的自媒体时代,新生代大学生要学会利用新媒体传播途径,积极推销自我,及时交流互动,塑造具有正能量的靠谱青年形象。

五是平台思维。对新生代大学生而言,互联网可以成为娱乐、游戏和放松的休闲平台,可以成为成长、发展和提升的价值平台,可以成为知识平台、伙伴平台、生活平台、事业平台……互联网革命加速了很多传统行业的解构和重组,也造就了许多新兴产业、行业和职业,互联网平台的许多新机会窗口已经为新生代年轻人打开。能否从互联网平台发现丰富多元的宝藏,淘到有价值、有意义的资源取决于如何对待网络、如何驾驭网络。当新生代大学生有了明确的职业定位和合理的生涯规划,可以在万能的互联网世界淘课、淘宝、淘金,通过互联网平台聚集和整合资源,培养塑造优势特长和专业功底。

六是职业思维。对于新生代大学生而言,要树立一种长远的职业成长与发展思维,而不仅仅是"先就业,再择业"的权宜之计的考虑。与其关注有钱的职场,不如关注值钱的自己,摆架子不如展示价值,要坚持理想且要接地气,让自己成为一个具有良好职业心态和合适职业能力的职业人,就是在培养和打造自己的职业品牌,这对刚踏入社会的职场新人来说尤其重要。新生代大学生可以充分利用互联网平台进行专业化积累、社会化适应与职业化修炼,加强自我营销与自我管理能力,丰富职业体验,逐步与职场对接,提升职业形象,打造职业品牌。

(六)"互联网+"时代提高职业竞争力的小窍门

快速发展的互联网时代,唯一不变的就是变化,信息产业革命将这种状况推到了极致,每个企业也在这瞬间万变的外部环境中不断变革,可以说没有一份工作是稳定的

"铁饭碗",那我们每一位即将在职场打拼的同学们如何思索、探讨属于自己的职业历程呢?职业生涯的起点虽然不能决定我们的职业生涯终点,但是正确的选择会让我们少走一些弯路,获得更多的职业快乐感和成就感。学会如何在互联网时代探索自己的兴趣、发现自己的优势,如何了解和自己职业愿景匹配的就业信息,是在职业生涯起步、提升和转型等期间需要不断思索的问题。

1. 向内看:全方位了解自己

想想看,找工作,你想找到什么?辛苦上班希望换回来什么?"钱",是不是脑子里出现了这个字?如果给你不少钱,但每天老板批评你、侮辱你,行吗?你没有发展机会,几年干重复性、低价值工作,行吗?有的人可以,有的人不可以,因为每个人通过工作希望获得的回报是不同的,这些各不相同的回报就是工作价值观。

——18项工作价值观:

很多人在找工作时知道自己不要什么,但不知道自己要什么。如果不知道什么是你心目中的好工作,不知道你在乎什么,不知道什么可以激励你,那如何才能找到好工作呢?首先,我们看看有什么样的价值观,以下18项基本涵盖了所有的工作价值观。

成就动机。把事情做好而得到满足感;能够看到通过自己的能力取得实质成果;每天做完工作,自我感觉良好;知道自己的工作对团队整体有贡献;在自己的工作上取得卓越成绩。

归属感。与团队成员一起工作;与同事建立良好关系;工作上经常与他人接触;有机会参与社交活动;被他人接受及喜爱。

挑战。在有压力的情境下,准时完成任务;有机会解决有难度的问题;能经常对有风险的事承担责任;有机会发挥个人潜能,做没做过的事;有机会与他人或其他组织竞争。

创新。找寻解决问题的新方法;改善旧方法或旧产品;发现或发展真正独特的产品、程序、服务或应用方法。

经营管理。无须广泛征询意见而能快速做出决定;能够提出创造价值的战略或策略;随时准备面对风险;接受挑战,永不放弃;找寻从采取行动到看出成果而得到的满足感。

财富。比其他人挣更多的钱;投入产出优厚;有足够的钱去享受生活;不需要担忧钱的问题;赚足够的钱,被视为富裕。

助人。别人有问题时能够帮助他们;感到自己对社会有所贡献;对他人慷慨;可以教导、训练他人,并可提供服务;能够有机会做公益。

主动性。发现潜在的问题并采取行动以避免问题发生;发觉有什么事需要办并且把它办好,而不需要别人安排;看到其他人繁忙能自主帮助;发现某项需求并向上级提出;要求增加自己的责任或职责。

独立自主。能够自己安排工作的优先次序;有挑选自己任务的自由;可以自己做主,而不需要事事请示;可以弹性处理公司的规则;可以对影响自己工作的事做决定。

尊严。根据自己的价值观行事;维护自己的信念;不做与自己信念有违的事;与自己同道的人共事;在一家有社会责任的公司工作。

领导力。制定政策及指引,让他人跟随;决定事情该怎么办;可以指挥他人的活动;负责一个部门的业务;做领袖且被他人认为是合格的领袖。

安排/计划。制定详细的计划再开展复杂的工作;确保获得所需要的资源;事事安排妥当,进展顺利;详尽安排好各项工作的次序。

个人/专业发展。有机会学习、改变和发展;参加公司组织的课程以提高自己的技能;与那些鼓励或支持发挥自己潜能的人交往;愿意参加那些可以提高能力的活动。

认同/地位。在工作上的贡献得到认同;有能力及机会成为一个受尊敬的员工;拥有相匹配的职位、职称;被上级或同事奖赏或赏识。

安全感。知道就算单位遇到困难也不会被辞退;单位提供保险和福利;有自动加薪机会;按时拿到工资。

按部就班。到点上下班;有清晰的指引、标准及程序。

多样性。工作及活动富有弹性、灵活性;有不同的项目及职责;可与不同类型的人接触;需要解决不同种类的问题。

工作和生活平衡。可以很好地照顾家庭;有时间和精力做自己喜欢的事;下班后不被工作打扰。

——个人价值观 VS 企业价值观:

企业价值观是企业的文化,它渗透在企业管理的各个环节,仿佛空气,无处不在。我们在寻找工作机会时,尽量选择与自己价值观一致或接近的企业,即便是不一致,在接受这个工作机会的时候,也应该认识到差异,以及应对差异的策略。如果企业价值观与个人的核心价值观不一致,建议不要接受这个工作机会,不然会非常不舒服,因为个人的核心价值观较难改变,而企业的价值观也不会因为你而改变。

如何了解企业价值观?如果只是查企业官网上列的"企业价值观"那一项是不够的,企业价值观要落实在企业制度、流程中,主要体现在:知道自己要什么样的工作机会;评估什么样的企业适合你;不满的时候,知道哪里没有得到满足;告诉上级你要什么,而不是不要什么;了解到价值观差异及应对策略。

——发现你的能力:

在职业发展中,能力分为专业能力和可迁移能力。如何区分专业能力和可迁移能力呢?比如财务人员,会看懂财务报表并进行财务分析,这是专业能力;而支持其体现出专业能力的是逻辑思考能力、分析问题能力、对数据的敏感性等,这些能力不仅仅用在财务岗位上,在其他岗位上也可以用到,这就是所谓的"迁移"。可迁移能力大致和智商、情商、逆商相关,大部分经过训练是可以培养的,而且能力发展有无限空间。在职业转换过程中,真正帮到你的不是知识和经验,也不是专业能力,而是可迁移能力。

表1-1 迁移能力的六个维度

思维能力	战略思维、考察/观察、形象思维、信息调查、文学创作、分析问题、决策判断、数据分析、创新/设计、调查研究、评估评定、理解能力、发现问题
人际能力	社交能力、组织协调、沟通表达、演讲呈现、影响力、说明能力、教学/引导、访谈/提问、自我认知、关系建立
执行力	督促监控、商务谈判、计划制定、时间管理、宣传推广、资源获取、解决问题、服务支持、市场拓展
压力管理	情绪的自我意识、突发事件应对、情绪控制、压力调适
领导他人	引领团队、激励他人、指导或辅导、授权、分配任务、识别他人
操作能力	装配维修、资料编辑、操作设备、文书撰写、信息记录、信息更新、信息处理、软件应用

通过60种特质了解你的性格：在职业发展中，性格因素无疑在发挥作用，我们将性格分为三类，共60种特质。

表1-2 第一类 内在的情绪情感测试

编号	特质	是/否	编号	特质	是/否	编号	特质	是/否
1	情绪稳定		6	乐观		11	宽容	
2	自信		7	消极悲观		12	多虑	
3	困惑		8	有耐心		13	感觉迟钝	
4	情绪化		9	敏感		14	精力充沛	
5	心态开放		10	多愁善感		15	胆小	

表1-3 第二类 对人(他人和自己)内在特质测试

编号	特质	是/否	编号	特质	是/否	编号	特质	是/否
1	强势		10	好批评他人		19	害羞	
2	谦逊		11	依赖他人		20	富有同情心	
3	友善		12	关注自我		21	信任他人	
4	直率		13	自我觉察		22	爱表达	
5	关心他人		14	自律		23	坦诚	
6	委婉		15	自我驱动		24	热心助人	
7	沉默寡言		16	严肃		25	慷慨大方	
8	可依赖		17	爱交际		26	有幽默感	
9	易合作		18	热情		27	独立	

表1-4　第三类　对事的性格特质测试

编号	特质	是/否	编号	特质	是/否	编号	特质	是/否
1	爱冒险		7	喜欢创意		13	负责任	
2	进取心强		8	坚持不懈		14	固执	
3	小心谨慎		9	保守		15	摇摆不定	
4	喜欢竞争		10	灵活		16	不喜欢被约束	
5	简洁明了		11	高标准		17	讲效率	
6	仔细认真		12	喜欢控制		18	理想化	

——发现职业优势：

你的职业优势是什么？是不是喜欢做、感兴趣做就是你的优势？是不是有能力去做就可以成为你的优势？当然不是，优势来源于你既有兴趣又有能力的区域，当一份职业正好与你的优势相吻合，能发挥你的优势和专长，你就会有无比动力，并乐享其中。

"SIGN"模型能帮助你找到你的职业优势。

Success（成功）：这是职业经历中发生过的有成就的事件。

Interesting（兴趣）：在做之前，你非常有兴趣，对此事充满期待，愿意投入时间和精力，乐此不疲。

Growth（成长）：在做的过程中，你非常专注、高效，愿意学习，能力得到提升。

Needs（需求）：做完之后，你得到期望的结果，有满足感。

发现职业优势的前提是你必须做过足够多的事情。如果你做的事情不够多，"职业优势"也就如无源之水。

2. 向外看：探索工作世界

选择职业前，首先要选择行业。选择不同行业其实是选择了不同的生活方式。在快速成长的行业，每个人都有发展的可能。可见，行业对于职业发展是至关重要的。

——看行业

四类行业：

曙光行业：不确定性。可能一飞冲天，也可能"没有可能"。曙光行业在有更多可能性的同时也面临更大的不确定性。当互联网行业还没有多少人，百度只有几十个人时，你会加入这家公司吗？

朝阳行业：快速成长。每天都有新的互联网公司产生，每天都有人一夜暴富，互联网让很多创业者梦想成真。行业的快速成长带来快速的变化，给员工带来更多的职业机会和成长空间，同时伴随着巨大的工作压力。

成熟行业：四平八稳。员工显得轻松自在，一切有条不紊，但往往稳健有余而激情不足。

夕阳行业：夜幕降临。随着技术的进步和互联网行业的爆炸式发展，传统行业受到了强烈的冲击，比如传统电子行业，黑莓的销声匿迹、诺基亚帝国大厦的轰然倒塌。走进这类企业,可以感受到失落的氛围。

表1-5 不同发展阶段的行业与职业发展

发展阶段	企业典型特征	职业利好	职业利空	典型行业
初创期"曙光"	市场培育期;企业规模不大、流动率高;从业人员少;盈利模式不明朗;经营风险大;生存重于管理	发挥创造性;如果公司发展好,有很大的职业发展空间,可能有股票或期权	无章可循;加班多;现金性薪酬不高;职业风险大	新能源、环保(垃圾)处理、新材料
成长期"朝阳"	市场快速成长期;企业规模迅速扩大;从业人员多、流动性大;盈利模式明朗;市场竞争激烈;抗风险能力提高;变化多;开始重视管理	发展机会多;能力大幅度提升;人才市场活跃;工作机会多;薪酬高	加班多;工作压力大;对家庭照顾少	互联网,特别是与移动互联网相关的领域;与互联网应用相关的硬件设备,如可穿戴设备
成熟期"午后"	市场发展平台期;发展稳定但迟缓;人员规模及流动性区域稳定;管理成熟,流程化	稳健发展;工作和生活相对平衡;工作有章可循;待遇良好	能力提升放缓;发展空间和机会有限;发挥创造性的机会减少;变成"温水煮蛙"的可能性增大	快速消费品、制造、交通、能源
衰退期"夕阳"	市场形势不容乐观;人才需求减少、流动性增加;经营压力大;生存再次重于管理	工作量减少	缺乏成长机会;面临减薪风险;失业风险大	零售、传统百货、邮政等

谨慎选择四类行业:

曙光行业,胆小者慎入

朝阳行业,怕吃苦者慎入

成熟行业,耐不住寂寞者慎入

夕阳行业,没家底者(工作能力和经济基础)慎入

——看企业类别:国企、外企、民企,你去哪儿?

企业类别没有好坏,各有各的不同,随着国企越来越市场化和外企人不断涌入民企,不同类别企业间的差异越来越小。

表1-6 企业类别与职场状况

	国企	外企	民企
职业发展	排队	职责清晰;专业性要求高	规矩少,自由度大
人际关系	较为复杂	相对简单	受老板风格影响,通常业绩好是硬道理
薪酬福利	安稳;福利完善	完善;规划	灵活

——看职业、看职位、看同事……

相同的职业族群对人的能力、性格要求基本相同,每个职业族群中又有不同职能,对人的能力要求有所差异,不同行业、不同企业,职业族群的分类和要求也会有所不同。

职业发展有很多可能:可以沿着一个职业类别向上,也可以向左或向右平等转换职业类别,还可以向斜上方转换;当然也可以听从自己的心意转换一个轨道,甚至降一个级别也未尝不可。

做职业选择时,员工的平均年龄与你的年龄相差多大会觉得舒适?当年龄差距特别大时,要么调适,要么离开。看年龄差的意义是让你能思考:别卖萌,也别倚老卖老,无论多大年龄,都展现自己独特的价值,让年龄成为优势而不是负担。

职业体验,让感觉落地。其实很多人都是凭着感觉去工作,觉得工作不错就一猛子扎进去,而感觉往往不靠谱,等发现和当时想象有出入,再转型就更加困难了。请切记:职业生涯是不可以倒带或者格式化的,在做决定前要去体验和探索,把感觉落地,走好职业发展每一步。

体验分为间接体验和直接体验,而体验的前提是对自己有一定的了解,不要盲目体验。我们可以先自我探索确定职业目标;再通过职业访谈间接体验——通过"过来人",了解岗位职责,看待职业机会,明白个人差距,找到入口和圈子;通过直接体验理清方向——做实习生、做义工、做影子、做学生、做客人、走进圈子等,最终制定切合实际的行动计划并实践——差距、采取的行动、完成时间、完成标准、监督人等。

3. 做选择

写简历,亮出你的态度。好简历首先要明确求职目标、岗位的核心能力、你和岗位的匹配性等。好简历的架构和 10 要素:个人信息、求职目标、自我评价、教育背景、工作经历(倒序)、主要技能、资格证书、语言能力、相关培训、兴趣爱好。简历最忌讳:求职目标不清、教育背景有疑点、背景中有明显或较长的空白期、只有职责没有业绩、平淡如水没有亮点、长篇大论、错别字或语句不通或格式混乱、不成熟的表现、口语化、大话空话、某些模糊动词——参与、了解、过多兴趣等。

投简历,不走寻常路。作为应届毕业生,工作机会分两种:显性机会,即校园招聘;隐性机会,即实习、内部推荐、企业举办的大赛、社会实践、设立奖学金的某企业等。随着互联网的快速发展,招聘渠道发生了巨大变化,也许未来将是颠覆性的。招聘 1.0 之人才市场:如各地的就业市场、人才中心等;招聘 2.0 之简历仓库:传统招聘网站、猎头公司、行业招聘网站;招聘 3.0 之人才社交:如 LinkedIn、CSDN、微博(微招聘)等;招聘 4.0 之连接人和企业:猎聘、拉勾网、周伯通及更加垂直的招聘平台,如程序员招聘平台 100offer 等。

4. 把握当下

发挥优势,提升职场竞争力:在职业管理过程中,如何发挥你的优势?DAL 模型帮助你。

D(do),放手去做:实践是检验真理的唯一标准,围绕着你的优势去做,去实践,在做的过程之中不断发现、不断总结。如：工作实践中，有哪些任务、项目可以运用我的优势？这些优势对我的工作开展很有帮助吗？有哪些帮助？别人给了我哪些反馈，证明我的优势得到了发挥？

A（awake），保持清醒：经常盘点自己的优势是否得到发挥。如：每天的工作中，是否可以发挥我的优势？每周、每月的工作中，是否可以发挥我的优势？我该如何评估优势的运用程度？自己的感受是什么？他人的建议是什么？我还可以承担哪些新的任务、项目或角色，以便更充分发挥我的优势？

L（learning），持续学习：围绕自己的兴趣领域，以及新任务、新角色带给我们的挑战，学习必要的新技能，不断提升自己，打造这一优势。如：我该学习哪些新的知识技能，获取哪些新的信息，才能更好地发挥我的优势？我的职业 Model 是谁？学习对象是谁？我的差距在哪？通过哪些方式学习才能最有效？读书、网络课堂、行业会议、沙龙，还是参加一些培训班？寻找更资深的朋友、老师或导师，和他们一起探讨，"如何才能更充分地发挥我的优势？"

——职场蓝图设计：

职业愿景：当我职场谢幕时，我最理想的职业角色是什么？

长期职业目标（5—10年）：从你现在职业环境出发，观察你所能触及的人际网络，有哪些人的角色是你最想拥有的？

短期目标（2—3年）：在现有的环境和资源下，我可能有哪些机会？我的优势是什么？如果成为理想的角色，我需要提升哪些方面能力？我该如何提升？

制定个人发展计划：我的目标是什么？挑战是什么？目标角色的能力要求是什么？我的能力优势有哪些可以帮助我达成目标？差距在哪里？我有哪些资源？我喜欢的学习方式是什么？

把个人目标转化为行动：个人发展计划表包括目标、能力需求、需提升的能力、行动计划（行动方案、衡量标准、完成时间、谁来监督），其中行动方案，70％在工作中学习，20％向他人学习，10％在课堂和书本中学习。

项目训练

未来已来，我的准备……

阅读与鉴赏

1. 阅读《有效管理者》（德鲁克著）。
2. 观看电影《无问西东》。

思维拓展

学习、工作中可能遇见哪些问题？你打算如何跨越？

行动与任务一

调查你所学专业在"互联网+"时代的就业变化情况并预测它的发展趋势,结合自身制定一份切合实际的学业生涯规划书。

行动与任务二

二维码内含微课、学习任务、经典案例、拓展作业,快来扫一扫!

规划职业人生

大学生职业生涯发展规划

主编 肖尚军 张 丹

第 2 章

自我认知

学习手册

南京大学出版社

第 2 章
自我认知

引导语

自我认知是正确进行职业生涯探索的重要环节,只有对自己进行全面、理性的认知和评价,才能为做出正确的职业生涯决策打下坚实的基础。本章通过对性格、兴趣、能力、价值观等多个方面的探索,帮助学生去认知真正的自我,为后面的学习和规划做好准备。

> 作之不止,乃成君子;作之不变,习与体成;习与体成,则自然也。
> ——司马光《资治通鉴·卷六》

常言道:"人贵有自知之明",也就是说人应该对自己有一个正确的评价,不可过高也不可过低,这样才不会出现自负和自卑的心理,为自己制订出合理的追求目标,以达到成功的彼岸。一个人不能正确评价自己,就会产生心理障碍,表现出对自我的不满和排斥,从而出现"现实自我"和"理想自我"的差距。因此,我们应学会了解自我、评价自我。

第一节 兴 趣

案例导入

小赵和小姚是同时进入华为深圳公司的同事,两人以前还是大学同学,又是同乡,在很多方面都有共同点,经常结伴而行。虽然都在同一个部门,又拥有差不多的知识基础,但是两人的工作表现和业绩却差了很多。小赵从小对物理电子感兴趣,来这个公司之前就已经对自己即将从事的工作非常向往了,真正开始实际的工作后,他精力充沛,将自己的才能发挥得淋漓尽致,肯学好问,努力做好自己的工作,还利用业余时间学习了一些辅助的知识。而小姚呢,他最感兴趣的是漫画,之所以来华为从事电子方面的工作,是因为父母认为画画没什么发展前途,而进华为可以有稳定的经济收入,因此迫于无奈地干起了现在的工作。在工作中,小姚总是得过且过,对很多工作中的新知识不愿花时间和精力去学习,对于自己工作内容以外的事情更是不管不问,到后来越做越颓废,整天就只是在等着月底发薪水。长时间的不努力让领导对他也失去了信任,很多工作几乎都不需要他的参与,使得他的工作积极性越来越低,更谈不上业绩了。

一、兴趣概述

兴趣是个体力求认识某种事物或从事某项活动的心理倾向,是指一个人对其环境中的人、事、物所引发的喜爱程度,也是人维持注意的一个重要内部因素。它表现为个体对某种事物或从事某种活动的选择性态度和积极的情绪反应。

兴趣有两种,一是职业兴趣,即个体力求了解某种职业或进行某项职业活动的心理倾向,如有人喜欢研究物理,有人热衷营销;二是非职业兴趣,即个体在日常生活中做某件事情的倾向,如有人喜欢读书,有人喜欢运动。现实中我们发现,很难将职业兴趣和非职业兴趣截然分开,它们之间有着重要的联系,但相比而言,我们需要更加关注职业兴趣。

探索职业兴趣的意义在于:兴趣引领职业选择的方向,同时增强了职业发展的动力,也提高了职业满意的程度。

二、兴趣类型理论

职业兴趣是一种认识倾向,不论人是否了解某种职业的内在特征,都可能会对它做出是否喜好的评价,因此,它反映的往往是人对职业活动外部特征的认识。由于人与人之间存在着很大的差异,对同一种职业会产生不同的反应:有的人喜欢,有的人厌恶,有的人无动于衷。因此,虽然职业成千上万,分类比较复杂,一时难以全面掌握,但可以从人的职业兴趣的角度进行分类。

(一)库德的职业兴趣分类

在职业兴趣分类方面,比较有名、使用时间较长的是库德职业爱好调查表(Kuder Preference Record Vocational)。它将职业兴趣分为10类(见表2-1):

表2-1 库德职业兴趣分类

兴趣类型	特 点	相应职业
愿与事物打交道	喜欢同事物打交道,而不喜欢与人打交道	制图、勘测、工程技术、建筑、机器制造、出纳、会计等
愿意与人接触	喜欢与人交往,对销售、采访、传递信息一类的活动感兴趣	记者、推销员、服务员、教师、行政管理人员、外交联络等

续表

兴趣类型	特点	相应职业
愿意干有规律的工作	喜欢常规的、有规则的活动,习惯于在预先安排好的程序下工作	邮件分类、图书管理、档案管理、办公室工作、打字、统计等
喜欢从事社会福利和助人工作	乐意帮助人,试图改善他人的状况,帮助他人排忧解难	律师、咨询人员、科技推广人员、医生、护士等
愿做领导和组织工作	喜欢掌管一些事情,希望受到众人尊敬和获得声望,希望在企事业单位中起重要作用	行政人员、企业管理干部、学校领导和辅导员等
喜欢研究人的行为	对人的行为举止和心理状态感兴趣,喜欢谈论人的问题	心理学、政治学、人类学、人事管理、思想政治教育等研究工作
喜欢从事科学技术事业	对分析、推理、测试等活动感兴趣,长于理论分析,喜欢独立地解决问题,也喜欢通过实验做出新发现	生物、化学、工程学、物理学、地质学等工作
喜欢抽象和创造性的工作	对需要想象力和创造力的工作感兴趣,大都喜欢独立的工作,对自己的学识和才能颇为自信,乐于解决抽象的问题,而且急于了解周围的世界	社会调查、经济分析、各类科学研究工作、化验、新产品开发等
喜欢操作机器的技术工作	对运用一定技术、操作各种机械、制造新产品或完成其他任务感兴趣	飞行员、驾驶员、机械制造、建筑、石油、煤炭开采等
喜欢具体的工作	希望能很快看到自己的劳动成果,愿从事制作能看得见、摸得着的产品工作,并从完成的产品中得到满足	室内装饰、园林、美容、理发、手工制作、机械维修、厨师等

(二)霍兰德的职业兴趣分类

霍兰德提出的广为人知的职业兴趣六边形模型奠定了他在职业咨询和发展领域的卓越地位,他编制的量表是当今世界上应用得最为广泛的职业测评量表之一。霍兰德兴趣类型理论有四个核心假设:① 人可以分为六大类,即现实型、研究型、艺术型、社会型、经营型、事务型,这既是兴趣类型也是人格类型,因为霍兰德认为职业兴趣的选择表达了一个人的人格特征;② 职业环境也可以分成相对应的具有同样名称的六大类;③ 人们寻求能够与自己兴趣、能力相匹配的职业环境,如现实型的人倾向于去寻找现实型的职业环境;④ 兴趣与职业的匹配程度决定了个体的职业满意度、稳定性和成就感。

1. 六大人格类型的特点

(1) 现实型 R：指具有现实倾向的个体，喜欢有规则的具体劳动和需要基本操作技能的工作，一般具有技术与运动取向，相对具有较强的身体技巧和机械的协调能力，对于机械和物体显示出强烈的关注。缺乏社交能力，不适应社会性质的职业。其典型的职业包括技能性职业（如一般劳工、技工、修理工、农民等）和技术性职业（如制图员、机械装配工等）。

(2) 研究型 I：指具有研究倾向的个体，具有聪明、理性、好奇、精确、质疑等人格特征，对于理论思维和数理统计具有浓厚的兴趣，对于解决抽象性的问题具有极大的热情。喜欢智力的、抽象的、分析的、独立的定向任务这类研究性质的职业，但缺乏领导才能，独立倾向明显。其典型的职业包括科学研究人员、教师、工程师等。

(3) 艺术型 A：指具有艺术倾向的个体，具有想象、冲动、直觉、无秩序、情绪化、理想化、有创意、不重实际等人格特征。对于创造性的、想象性的、具有自我表现空间的工作显示出明显的偏好。他们和具有探究倾向的个体的共同之处在于创造倾向明显，对结构化程度较高的职业及环境都不太喜欢，对机械性及程式化的工作缺乏兴趣，比较喜欢独立行事。喜欢艺术性质的职业和环境，不善于事务工作。其典型的职业包括艺术方面的（如演员、导演、艺术设计师、雕刻家等）、音乐方面的（如歌唱家、作曲家、乐队指挥等）与文学方面的（如诗人、小说家、剧作家等）。

(4) 社会型 S：指具有社交倾向的个体，通常他们的语言能力优于数理能力，具有合作、友善、助人、负责、圆滑、善社交、善言谈、洞察力强等人格特征。喜欢社会交往、关心社会问题、有教导别人的能力。适合从事咨询、培训、辅导、劝说类的工作，其典型的职业包括教育工作者（如教师、教育行政工作人员）与社会工作者（如咨询人员、公关人员等）。

(5) 经营型 E：具有进取倾向的个体，喜欢制订新的工作计划，建立新的组织，并积极发挥组织的作用进行活动。他们喜欢影响、管理和领导他人，具有强烈的信心，喜欢冒险，喜欢支配别人，喜欢从事领导及管理类的职业，有独断、自信、精力充沛、善社交等人格特征。其典型的职业包括政府官员、企业领导、销售人员等。

(6) 事务型 C：具有传统倾向的个体喜欢高度有序、要求明晰的工作，不适应规则模糊、自由空间大的工作。他们不喜欢主动决策，习惯于被动服从，具有顺从、谨慎、保守、实际、稳重、有效率等人格特征。在工作中，他们会与别人保持一定的距离。他们工作仔细，有毅力，比较在意社会地位和社会评价，通常愿意在大型机构做一般性的工作。喜欢有系统、有条理的工作任务，其典型的职业包括秘书、办公室人员、计事员、会计、行政助理、图书馆员、出纳员、打字员、税务员、统计员、交通管理员等。

2. 六大人格类型的关系

实际上，上述的人格类型与职业关系并非绝对的一一对应。霍兰德在研究中发现，尽管大多数人的人格类型可以主要地划分为某一类型，但人有着广泛的适应能力，人的人格类型在某种程度上是相近于另外两种人格类型，并能适应另两种类型的工作的。

也就是说,某些类型之间存在着较多的相关性,同时每一类型又有一种与之极为相斥的职业环境类型。霍兰德用一个六边形简明地描述了六种类型之间的关系,见图 2-1。从霍兰德的六边形模型中可以看到,六种类型之间存在着三种关系:相邻、相隔和相对。相邻如 RI、IA、AS、SE、EC、CR,相隔如 RA、RE、IC、IS、AE、SC,相对如 RS、IE、AC。属于相邻关系的两种类型的个体之间共同点较多(如实际型 R、研究型 I 的人就都不太偏好人际交往,这两种职业环境中也都较少机会与人接触);属于相隔关系的两种类型的个体之间共同点较相邻关系要少;而处于相对关系的人格类型共同点就基本没有。因此,一个人同时对处于相对关系的两种职业环境都很感兴趣的情况较为少见。

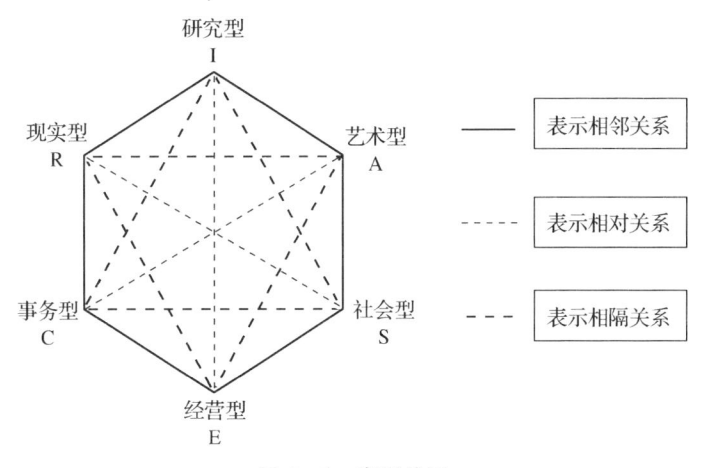

图 2-1 类型关系

三、兴趣评估

如何才能知道自己的兴趣类型? 本文将从正式评估和非正式评估两个角度来介绍一些兴趣评估方法。

1. 正式评估

目前使用比较广泛的兴趣测验是霍兰德自我探索量表。如今,经过几次修订的自我探索量表包括两个部分:评价手册和职业分类表。通过科学的测试,人们可以预知自己的个性特征,这有助于选择适合于个人发展的职业。

2. 非正式评估

对于兴趣的非正式评估方法比较多,如问答法,它通过谈话问答的方式对自己的职业兴趣进行澄清,如你最喜欢的课程是什么? 做什么事情的时候你会忘记时间?……将问题的回答写下来,看看这些回答之中有没有什么内在一致性,并对其进行分析,以此来帮助自己澄清职业兴趣。也可以通过对自己经历的盘点来认识兴趣,回顾自己成长经历中最有成就感的一些事件,找出最吸引自己的那些东西,而其中共性较多的,就是兴趣所在。在诸多方法中最常用的就是兴趣岛和职业幻想评估方法。

拓展阅读

兴趣岛测试：你最适合做什么职业？

你获得了一次免费度假游的机会，有机会去下列六个岛屿中的一个。唯一的要求是你必须要在这个岛上和岛上的居民一起生活至少半年的时间。请不要考虑其他因素，仅凭自己的兴趣挑出你最想前往的岛屿。

R：自然原始的岛屿。岛上的自然生态保持得很好，有各种野生动物。居民以手工见长，自己种植花果蔬菜、修缮房屋、打造器物、制作工具，喜欢户外运动。

I：深思冥想的岛屿。有多处天文馆、科技博物馆及图书馆。居民喜好观察学习，崇尚和追求真知。常有机会和来自各地的哲学家、科学家、心理学家等交换心得。

A：美丽浪漫的岛屿。充满了美术馆、音乐厅，街头雕塑和街边艺人，弥漫着浓厚的艺术文化气息。居民保留了传统的舞蹈、音乐与绘画。许多文艺界的朋友都喜欢来这个地方找寻灵感。

S：现代、井然的岛屿。岛上建筑十分现代化，是进步的都市形态，以完善的户政管理、地政管理、金融管理见长。岛民个性冷静保守，处事有条不紊，善于组织规划，细心高效。

E：显赫富庶的岛屿。居民善于企业经营和贸易，能言善道。经济高度发展，处处是高级饭店、俱乐部、高尔夫球场。往来者多是企业家、经理人、政治家、律师等。

C：友善亲切的岛屿。居民个性温和、友善、乐于助人，社区均自成一个密切互动的服务网络，人们重视互助合作，重视教育，关怀他人，充满人文气息。

你最想去的岛屿是哪个呢？

然后，在剩下的5个岛屿中你最想去的是哪个呢？

最后，在剩下的4个岛屿中你最想去的是哪个呢？

依次写下来：1._____ 2._____ 3._____

这六个岛屿分别代表着六种职业兴趣类型。选择R岛的人是现实型，选择I岛的人是研究型，选择A岛的人是艺术型，选择S岛的人是社会型，选择E岛的人是经营型，选择C岛的人是事务型。

四、兴趣评估常见问题

探索兴趣时我们经常遇到的疑惑有三个：一是测评结果与实际不符，二是感兴趣的工作难以获得，三是所学专业非兴趣所在。我们应正确地应对：

1. 测评结果与实际不符

一是科学使用兴趣测评。测评结果与实际不符首先要求我们科学地使用兴趣测评。对于不清楚自己兴趣的人而言，霍兰德理论及其测评提供了理解和识别兴趣的一个非常好的视角：让我们能够不仅仅从自身出发，同时也与环境联系起来考虑自己的职业发展，使我们在进行职业规划时可以从一个更宏观的角度审视自己。霍兰德测评理论提供了便利，但其并不完美，也存在一些局限：一方面，任何一个心理测试都不可能像物理测量一样准确，所以对于测试结果我们要联系实际反复思考，不可盲信测试。另一方面，现在提供测评的机构非常多，鱼龙混杂在所难免，有效的测验除了需要一个可靠的工具还需要一个专业的测量者，所以对于测试结果我们一定要请专业人员进行解释以免误解。因此，在职业生涯规划中除了霍兰德兴趣测评之外，还要结合其他多种手段进行兴趣评估。

二是正确认识自身兴趣。很少有人的兴趣仅限于某一类型，我们大多是六种类型的综合，测评结果也只是反映我们的"偏好"，说明和某一群体有着相似的兴趣，从事这样的工作会比较顺畅。如现实型的人并不排斥和他人交往，只是和与他人交往相比更喜欢和机器物件打交道而已。所以即便是主导兴趣类型，也只是职业选择时的一个方向。此外，我们对从事的活动也要仔细思考。观察那些篮球爱好者，你也许会发现，他们喜欢篮球的原因可能是各不相同的。有人是为了锻炼身体，有人是为了赢得比赛，也有人是为了看懂战术安排。

三是辩证看待"矛盾"兴趣。第三种导致测评结果和实际不符的原因可能源于兴趣类型处于六边形中的相对位置。这种现象的出现有两种可能性：一是兴趣范围较广，在日常生活中喜欢两种相对类型的事物；二是兴趣类型有一定的混淆，这些个体相对于内部一致的人而言，在择业及职业适应时，内心可能会有更多的冲突，需要做出较多的调适。例如，某个人最高分的两个类型是事务型与艺术型，他有可能既喜欢按部就班的文员工作，又很向往画家的表现力与热情，这种情况的出现，可能是因为个体对这两种类型的事情都感兴趣，也有可能是其"先天"的兴趣与"后天"的适应所造成的兴趣混淆。这个人也许原本的兴趣类型是艺术型，只是过去的经验中事务型的工作做得比较多，也比较擅长，久而久之，也对其有了"兴趣"，只不过这种兴趣更可能带有一种"适应"的"面具"，连自己也无法分辨出什么是自我从心底感到愉快的兴趣，因此有可能在测试中会得出两种相对类型的结果。当然，这也只是一种可能性而已。如果现在的你，正处于相对的兴趣类型中，那就要去探索一下原因，如果你真正觉得即便处于相对的类型，心中也并无矛盾，那表明你的兴趣范围较广，也无不可。如果你觉得还是有些矛盾，那么可能就需要探寻一下你的兴趣类型到底是什么。

2. 感兴趣的工作难以获得

一是全面识别职业类型。和人的兴趣类型一样，也很少有职业属于单一类型，如社会型的职业也只是工作成分中更需要和人处理各种关系。认真思考职业类型后可能会发现我们之前没想到的领域，比如大学教师所涉及的工作内容也可能会因人而异，有人偏向学术研究（研究型），有人注重教学（社会型）。

二是着力培养其他兴趣。如果自己的兴趣实在难以满足的话，那么及时找到另外一个自己感兴趣的领域也是很必要的。事务型的小张如果找不到人力资源的工作，那么可能就得培养一下其他职业兴趣，如学着和他人交流，试着在教育、营销、培训等领域找到自己的工作。转变兴趣未必是坏事,所谓"塞翁失马,焉知非福",职业发展中经常会有偶然事件,这些事件所带来的转变可能也是有利的。

如果真的从事自己不喜欢的职业,也不必太气馁,因为我们可以在工作之余通过学习、兼职等发展非职业兴趣。如有人喜欢艺术,但是难以从事这项工作,则可以在日常生活中参加学习班,如插花班、舞蹈班等,提升自己。其实很多成功人士都有着非常丰富的业余兴趣爱好,现实生活中我们发现职业兴趣和非职业兴趣二者并行不悖,相得益彰,而且很多人业余兴趣的造诣甚至超过职业兴趣。

三是注重兴趣的长期发展。"先就业后择业""先生存后发展",或许是不得已的选择。放弃自己喜欢的固然很残酷,但多层次的需要很难同时满足,人职匹配也不是一蹴而就的。比较可行的做法是:人职匹配分步骤实施。先入职,然后在工作中逐渐积累,时机成熟时再进行职业调整,最终把职业与兴趣统一起来。

在职业发展中,正如霍兰德所说:"职业可改变人,人也可以改变职业,职业和人是有互动的。"的确,有不少人不喜欢自己的第一份工作,但不停地适应和学习,竟也慢慢地喜欢上自己的工作,也体会到投资大师巴菲特(Warren Buffett)的名言"能干你喜欢的工作是你的幸运;能喜欢你干的工作是你的幸福"的道理。

3. 所学专业非兴趣所在

竞争的激烈和志愿填报的失误导致不少大学生所学专业偏离了自己的兴趣。有人勉强地学习着,有人整日沉迷游戏,也有人成天无所事事……面对这样的问题,应该如何应对呢?

首先,我们要明白尽管现在专业越分越细,但是很难给哪个专业划一具体范围,尤其在人文学科中,专业之间早已相互渗透,专家学者的研究也涉及多个领域。所以在求职中我们会发现不少职位对专业并没有太多的限制,同一专业的学生就业领域可能遍及多个行业。以心理学专业为例,就业统计显示:有在公司从事人力资源管理或担任培训讲师的,有在企业负责销售或市场策划的,有在学校做心理咨询或教学研究的,也有在政府职能部门工作的……

其次,用人单位看重的是整体素质,而不是单一的专业知识。实际工作中除了需要专业知识外,还需要责任心、进取心、诚实可信等人格品质,这些是专业学习难以获得的。专业只是一个平台,我们可以通过各种渠道学习自己喜欢的知识,在学习的过程中不断提高个人修养,这样就能拓宽求职之路。

总之,兴趣测评结果只是给我们一个参考,而不是一个标签或定论限制自己。兴趣评估的焦点是以"人"为中心的,让我们关注自己喜欢什么,并在此基础之上拓展自己。

项目训练

评估发现自己真正的兴趣。

第二节 能　力

案例导入

小张到某公司工作快三年了,比他后来的同事陆续得到了升职的机会,小张却原地不动,心里颇不是滋味。终于有一天,冒着被解聘的危险,他找到老板理论。"老板,我有过迟到、早退或乱章违纪的现象吗?"小张问。老板干脆地回答"没有"。"那是公司对我有偏见吗?"老板先是一怔,继而说:"当然没有。""那为什么比我资历浅的人都可以得到重用,而我却一直在微不足道的岗位上?"老板一时语塞,然后笑笑说:"你的事咱们等会再说,我手头上有个急事,要不你先帮我处理一下?"一家客户准备到公司来考察产品状况,老板叫小张联系他们,问问何时过来。"这真是个重要的任务。"临出门前,小张不忘调侃一句。一刻钟后,小张回到老板办公室。"联系到了吗?"老板问。"联系到了,他们说可能下周过来。""具体是下周几?"老板问。"这个我没细问。""他们一行多少人。""啊!您没问我这个啊!""那他们是坐火车还是飞机?""这个您也没叫我问呀!"老板不再说什么了,他打电话叫小王过来。小王比小张晚到公司一年,现在已是一个部门的负责人了,他接到了与小张刚才相同的任务。一会儿工夫,小王回来了。"哦,是这样的……"小王答道:"他们是乘下周五下午3点的飞机,大约晚上6点钟到,他们一行5人,由采购部李经理带队,我跟他们说了,我公司会派人到机场迎接。另外,他们计划考察两天时间,具体行程到了以后双方再商榷。为了方便工作,我建议把他们安置在附近的国际酒店,如果您同意,房间明天我就提前预订。还有,下周天气预报有雨,我会随时和他保持联系,一旦情况有变,我将随时向您汇报。"小王出去后,老板拍了小张一下说:"现在我们来谈谈你提的问题。"小张说:"不用了,我已经知道原因,打搅您了。"

　　能力的差距直接影响到办事的效率,任何一个公司都迫切需要那些工作积极、主动、负责的员工。优秀的员工往往不是被动地等待别人安排工作,而是主动去了解自己应该做什么,然后全力以赴地去完成。

一、能力概述

　　能力是人完成某种活动所必备的一种个性心理特征,它是在心理活动中表现出来的,是一个人能否胜任职业的重要条件。"能力"一词含义丰富,涉及面较广:能说会道、能言善辩,表现语言能力;妙手偶得,鬼斧神工,表现艺术能力;左右逢源、八面玲珑,表现社会能力……

　　能力按照其获得的方式可分为两层,即技能(skill)和能力倾向(aptitude)。其一,技能是后天经过学习和练习发展起来的能力,是从事某种活动时有效运用天资和知识的力量。用来形容"技能"的词汇有精通、干练等,例如小王精通音律,小吴处事干练。已经形成的技能会对新技能产生积极影响,心理学中称为"迁移",例如会骑自行车有利于学习摩托车的驾驶。其二,能力倾向是成功完成某件事情的潜能。平常我们所说的"可塑之才"强调的就是个体的潜在能力。例如,绘画能力倾向,说明你具备绘画的"天赋",而不意味着你现在能画出一幅好画;具备绘画能力倾向,意味着只要接受系统的训练或许就能掌握绘画技巧。

能力倾向可以分为两个方面:一般能力倾向和特殊能力倾向。一般能力倾向是指在许多基本活动中都表现出来的能力,如智力、注意力、观察力、记忆力、思维能力和想象力等。特殊能力倾向是在特定的专业活动中发挥作用的能力,也可称"特长"。如音乐能力、运动能力、绘画能力等,它以一般能力为基础,但又不同于一般能力,是某些职业的必备能力。如专门从事纺织或染色工作的人,要求能够分辨出常人分辨不出的颜色,而音乐家们的音乐辨识能力对他们而言是事业成功的保证之一。

了解自己的能力并从事自己擅长的工作对我们有着如下重要意义:首先,有助于发现能力结构;其次,有助于发掘优势能力;再次,有助于明确提升方向。每种职业对能力都有相应的要求,只有拥有和职业相匹配的能力才能有效地完成工作。职业生涯规划中,能力探索的意义在于明白自己的能力并找到胜任的工作(见表2-2)。

表2-2 能力类型及其相应职业

能力类型	概念与特点	相应职业
语言表达能力	指对词的理解和使用能力,对词、句子、段落、篇章的理解能力,以及善于清楚而正确地表达自己的能力,它包括语言文字的理解能力和口头表达能力	教师、营业员、服务员、护士等
算术能力	指迅速而准确的运算能力	会计、出纳、统计、建筑师、工业药剂师等
空间判断能力	指能看懂几何图形、识别物体在空间运动中的联系、解决几何问题的能力	与图纸、工程、建筑等打交道的工作,牙科医生、内外科医生等
形态知觉能力	指对物体或图像的有关细节的知觉能力,如对于图形的阴暗、线的宽度和长度做出视觉的区别和比较,能看出其细微的差异	生物学家、建筑师、测量员、制图员、农业技术员、动植物技术员、医生、兽医、药剂师、画家、无线电修理工等
事务能力	指对文字或表格式材料细节的知觉能力,发现错字或正确地校对数字的能力等	设计、经济、记账、出纳、办公室、打字等工作
动作协调能力	指迅速准确和协调地做出精确的动作和运动反应能力	驾驶员、飞行员、牙科医生、外科医生、雕刻家、运动员、舞蹈
手指灵巧度	指手指迅速准确和谐地操作小物体的能力	纺织工、打字员、裁缝、外科医生、五官医生、护士、雕刻家
手腕灵活度	指手腕灵巧而迅速地活动的能力	体育运动员、舞蹈家、画家、兽医等

二、能力评估

(一) 技能评估

技能主要经由后天学习获得,可通过练习而强化,借由过去所取得的成就而印证。接下来本文将根据辛迪尼·梵和理查德·鲍尔斯的分类,从三个方面分别加以探索。

第一,内容性技能。内容性技能是指那些需要通过教育或者培训才能获得的知识或能力,一般用名词来表示,比如外语、中国古代历史、电脑编程等。

理查德·鲍尔斯将内容性技能分为三大类(见表2-3)。

表2-3 内容性技能列举

数 据	人	事 物
数字	儿童、老人、年轻人	机械、设备
统计	客户、顾客	材料、金属、布料
书面记录	学生、工作人员	森林、矿物、土地、植物、水、空气
开支	残疾人	产品、工具、计算机

信息时代,内容性技能正如福特汽车公司首席专家路易斯·罗斯(Louis Ross)所说:"对你的职业生涯而言,知识就像新鲜奶,纸盒上贴着有效期,如果时间到了,你还不更新所有的知识,你的职业生涯就会腐掉。"所以对于内容性技能的探索不能够满足于已经学会的,还要不断学习时代所需要的新知识。人的一生获取这些知识的途径中,学校学习只占10%,90%的知识是在学校之外获得的,所以我们也要特别关注社会实践、兼职打工等其他方式。

第二,功能性技能。功能性技能是指完成某件事情的程序或方法,常常用动词来表示,如说明、讲授等。常见的表述有:"擅长组织""善于分析"等,上述的"组织""分析"就是功能性技能。它的一个重要特点就是可以运用于多个领域,故也称为"可迁移能力",如具备了组织能力,既可以用在学生活动中,也可用在企业会议安排中。

理查德·鲍尔斯将功能性技能分为三类,并对每一类都从低到高划分了不同程度的标准。常见的功能性技能有(见表2-4):

表2-4 功能性技能列举

数 据	人	事 物
应用创新	谈判、领导	工艺制作
分析预测	说服、沟通	拆装组合
计算、推理	影响、协调	涉及绘制
归类、分解	与人相处	驾驶操作
收集、整理	服从、执行	使用工作

第三，适应性技能。适应性技能是被用来描述或说明个体具有的某些特征,常用形容词或副词表示,如冷静的、自制的、机智的等,体现了个体完成一件事情的态度、情绪等,更像个人品质,而不是"单纯"的技能。适应性技能和内容性技能不同,很难单纯通过学校课程学习而获得,应从家庭、学校和社会全方位进行培养。常见的适应性技能有(见表2-5)：

表2-5 适应性技能列举

理性地	感性地	坚强的	宽容的
谨慎地	敏锐地	独特的	亲切的
活跃地	高效地	生僻的	诚实的

适应性技能在职业中的作用日益突出,是成功所必需的品质,能够帮助个人更好地适应周围的环境。招聘中,越来越多的用人单位开始重视面试,考官会从肢体语言、面部表情、语速、语调中,甚至通过一些模拟场景以考察应聘者的适应性技能,进而挑选出企业所需要的人才。调查发现受过高等教育的应聘者凭借其较强的内容性技能入职会较为顺利,而以后得到较好发展的还是那些拥有良好的适应性技能(如情绪稳定、热情、仔细等)的人。那些学富五车却自以为是、不善与他人相处的人,其结果很可能是工作受挫。所以很多人认为"内容性技能和功能性技能使人得以录用,而适应性技能使人得以提升"。

三种技能中,我们比较容易想到的是内容性技能,但事实上,功能性和适应性技能更为重要,这样我们就有可能不局限于专业,还可以在更广的范围内选择职业。求职中,招聘者对能力的要求往往是三个方面的综合。内容性技能有：IT知识、office知识、销售知识等;功能性技能有：观察力、沟通力、管理能力、合作能力、协调能力、陈列物品能力等;适应性技能有：应变能力、责任心、亲和力等。其中,内容性技能是工作的基础;功能性技能是实施,是对知识的操作和运用;适应性技能是对功能性技能的管理。若将技能比作一舟,那么内容性技能好比船板,功能性技能宛如船桨,而适应性技能则如风帆。大学生若想学有所成,就要努力协调发展三种技能,这样方能在学海中乘风破浪。

(二) 能力倾向评估

1. 一般职业能力倾向测验

一般职业能力倾向测验主要测量的是各种职业都会涉及的通用能力,属于综合能力测试。传统上,学校一直只强调学生逻辑能力的发展,但这并不是人类智能的全部。不同的人会有不同的智能组合,例如：建筑师的空间感(空间智能)比较强、运动员的体力(肢体运作智能)较强,而作家的内省智能较强等。1983年霍华德·加德纳(Howard Gardner)提出多元智能理论(Multiple Intelligences),在《心智的架构》这本书里提出,人类的智能至少可以分成7个范畴(后来增加至8个),分别是语言(Verbal/Linguistic)、逻辑(Logical/Mathematical)、空间(Visual/Spatial)、肢体运作(Bodily/Kinesthetic)、音乐(Musical/Rhythmic)、人际(Interpersonal/Social)、内省(Intra-personal/Introspective)和自然探索(Naturalist)。这八种智能在个人的智能结构中都占有重要的位置、处于同等重要的地位。每个人都同时拥有相对独立的八种智能,而这八种智能在每个人身上以不同方式、不同程度的组合使得每个人的智能各具特点。

对于世界上的每一个人来说,不存在谁更聪明的问题,只存在不同的个体各自在哪个方面聪明以及怎样聪明的问题。每个人都是独特的,同时,每个人又都是出色的。

目前比较流行的测验基本上是依据传统意义上的智能理论编制成的,偏重对认知能力的测评。

(1) 一般能力倾向成套测验。一般能力倾向成套测验(General Aptitude Test Battery,简称 GATB),由美国联邦劳工部在 20 世纪 40 年代编制。目前使用的 GATB 由 8 个纸笔测验和 4 个仪器测验,共 12 个分测验组成,可对 9 种能力倾向进行评定,即一般学习能力(G)、言语能力(V)、数理能力(N)、空间能力(S)、形状知觉能力(P)、书写知觉能力(Q)、运动协调能力(K)、手指灵巧性(F)和手部灵巧性(M)。该测验适合于成人职业指导和大学生就业咨询,是职业指导和安置中较为成功的一套测验。其他的能力倾向测试还有《差别能力倾向测验》(DAT)、《职业能力安置调查》(GAPS)等。

(2) 瑞文标准推理测验。瑞文标准推理测验(Raven's Standard Progressive Matrices,简称 SPM)是英国心理学家瑞文(J. C. Raven)1938 年设计的非文字智力测验。自其问世以来,许多国家对它做了修订,我国也有几个修订版。北京师范大学心理系 1985 年修订的该项测验,共 60 题,分为 5 组,每组 12 题,分别测试知觉辨别能力、类同比较能力、比较推理能力、系列关系能力、抽象推理能力。5 组的题目难度逐步增加,每组内部题目也是由易到难排列。总的来说,题目的认知过程是从直接观察到间接抽象推理的渐进过程。

测验题的构成是每个题目都有一个主题图,如图 2-2 所示。但是,主题图中都缺少一部分,主题图下有 6~8 张小图片,其中有一张小图片若填补在主题图的缺失部分,可以使整个图案合理与完整。被测对象的任务就是从每题下面所给的小图片中找出适合填补大图案的那张,并把该小图片的序号填入答卷纸上相应的题号下。测验时间通常在 40 分钟左右。

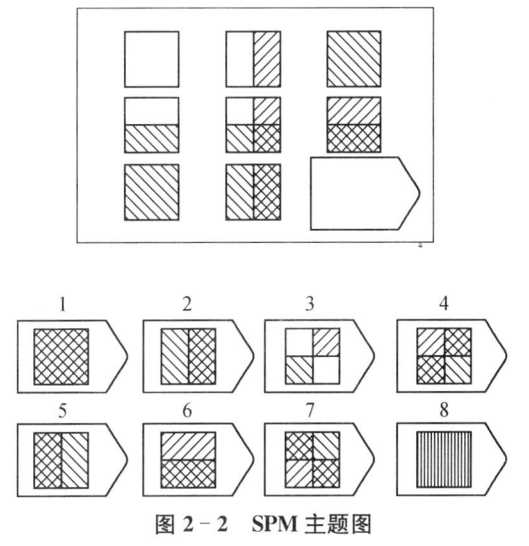

图 2-2 SPM 主题图

（3）韦克斯勒成人智力量表。韦克斯勒成人智力量表(Wechsler Adult Intelligence Scale-revised in China,简称 WAIS)的国内版本由湖南医科大学龚耀先主持修订,含言语量表与操作量表两部分。言语量表涉及常识测验、理解测验、算术测验、类同测验、背数测验及词汇测验六项;操作量表涉及数字符合测验、填图测验、积木图案测验、图片排列测验及拼图测验。韦氏智力测验最大的特点在于测验结果所反映的信息比较丰富。其分数由总智商、言语测验智商及操作测验智商三个部分组成,能较好地反映被测对象的整体及各个侧面的智力水平。这样既可使被测对象了解自我智力的总体水平,也可使其了解各个分项测验方面的差异,对自己的所长所短了然于心。因此,在利用韦氏测验考察智力时,不仅要关注总分,更要关注各个项目的作答情况,这样才能使自我智力的评估尽可能全面详尽。

2. 特殊职业能力倾向测验

一些特殊的职业有时还需要了解某人是否在某一特殊方面具有潜能,为此,可以通过特殊职业能力倾向测验获知。

（1）行政职业能力测验。行政职业能力测验主要测查的是从事行政职业应该具备的一般能力,包括言语理解与表达(对语言文字的综合分析能力)、数量关系(包括数字推理、数学运算)、判断推理(包括图形推理、演绎推理、定义判断、事件排序、机械推理)、常识判断(涵盖法律、政治、经济、管理、人文、科技等方面,考查受测者在这些方面应具备的最基本知识,以及运用基本知识分析判断的基本能力)、资料分析(对文字、图形、表格三种形式的数据性、统计性资料进行综合分析推理与加工的能力)。一般来说,行政职业能力测验是专门用于测验和考评受测者从事国家机关工作的心理素质和必须具备的潜能的标准化测验。

（2）艺术能力测验。艺术能力的判断标准比较难以确定。虽然在寻找可靠标准以及测验的预测效度方面存在着许多问题,但至今仍有许多美术能力和音乐能力的测验。美术能力倾向测验方面有梅尔美术鉴赏测验(Meier Art Judgment Test)、洪恩艺术能力倾向问卷(Horn Art Aptitude Inventory)等。音乐能力倾向测验有西肖尔音乐才能测验(Seashore Measures of Musical Talents)、温氏音乐能力标准化测验(Wing Standardized Tests of Musical Intelligence)、音乐能力倾向测验(Musical Aptitude Profile)等。

（3）机械能力测验。机械能力测验在工业或军事测验中使用较多。明尼苏达大学的帕特森(D. G. Paterson)及其同事编制出 3 个测验:明尼苏达机械拼合测验、明尼苏达空间关系测验、明尼苏达书面形式拼版测验。本纳特(G. K. Bennet)等人编制的本纳特机械理解测验(Bennet Mechanical Comprehension Test,简称 BMCT)也是比较有名的机械能力倾向测验。

三、能力提升

1. 能力发展需整合

现实中的成功者往往是那些"不惟有超世之才,亦必有坚忍不拔之志"的职业人士。

他们拥有良好的适应性技能，能够和他人沟通协调、融洽相处，情绪稳定，对挫折有较高的耐受力和压弹力等。社会不断进步，促使职业发展的要诀在于综合运用自己的各项技能，不能仅满足内容性技能的获取，还要注意功能性技能的锻炼，尤其是适应性技能的提升。职业活动不是只需单独地使用某种能力，而是需要多种能力的整合。实际上我们不可能单靠一种能力就能胜任某种职业，但每种职业都会特别强调某种能力。例如秘书职业，就需要言语能力、资料处理能力、创造力、简单的电脑维修技能、会议安排等多种能力，但是其核心职业能力是资料处理能力。

对于能力的整合我们可以遵循"核心＋卫星"策略，核心就是自己的优势能力，是求职岗位所需的核心能力，而卫星则是自己的非优势能力，是求职岗位所需的辅助或附属能力。如成功应聘办公室文员的小张，其核心能力是文员所需的资料处理能力，而维修电脑、会议安排等则是辅助能力，前者是求职成功的保证，后者可视为职业发展的催化剂。

2. 能力提高靠实践

职业所要求的能力大多是要靠后天努力才能完善的，其提高的关键在于平时的实践。如果我们果真欠缺某种能力，则应努力学习，没有具备一定的技能有时是因为没有接触过，如修电脑，只要认真学习有关知识，我们也能逐渐掌握这项技能。如果我们的能力尚有不足，则要相信勤能补拙。希腊著名哲学家德谟克利特（Democritus）先天口吃严重，连日常说话都成问题，于是每天早晨，爱琴海海滨就多了一个口含小石头练声的青年。经过整整五年的练习，他终于登上了雅典的讲坛。如果我们对自己的能力不够自信，则应抱着"是骡子是马拉出来遛遛"的信念，大胆地去做，那么你可能会发现自己表现不佳只是因为之前一直没有足够机会或没有胆量去展示而已。

能力探索让我们知道了自己的能力，但是能力毕竟不是说出来的，而是要敢做多做，这样能力的提高才指日可待。

项目训练

根据多元智能理论，评估个人能力。

第三节　性　格

案例导入

买方客户王先生今天一大早气冲冲地来到世纪房产某连锁店，原因是王先生在交房时，发现原房东先生欠的物业管理费500多元尚未结清。王先生一进门就急切地大声吵嚷着，"我要立即见你们的总经理，如果事情的解决上再不给我一个确切的答复的话,两天后你就可以接到我的律师信。"

如果你是经纪人会如何处理这件事情?案例中的王先生是以目标导向为主,关注的是结果和效率,而不关注你工作中的过程和细节。所以千万不要和王先生发生争执,不要找太多的借口,也不要对自己的权威下断言,而是要快速地做出反应,勇于承担责任,明显地让他感受到他的观点是对的,并承诺会快速与卖方联系,在最短的时间内解决这个问题,让他对我们的办事效率有信心。

一、性格概述

(一) 性格的含义

每个人都有不一样的性格,它因人而异。就像世界上没有两片完全相同的叶子,人的性格也是如此。"性格"一词最早由古希腊学者提奥夫拉斯塔(Theophrastus)提出,意指人的特征、标志、属性、特性等。现在对于"性格"的定义较为广泛,所谓性格是指表现在人对现实的态度和相应的行为方式中的比较稳定的、具有核心意义的个性心理特征,是一种与社会相关最密切的人格特征。换句话说,性格是通过人们的言行举止,表现出对现实和世界的态度。性格集中体现了人们的处事方式,只有了解自己的性格才能知道自己适合做什么样的事情,充分挖掘自身的潜能,摒弃性格弱点,采取积极有效的行动。

(二) 性格的特征

性格具有复杂的结构,它由许多不同特点的要素组成,这些要素相互制约、相互影响,从而形成个人独特的性格特征。性格的特征可从以下两方面来剖析:

1. 性格的静态特征

性格的静态特征由态度特征、认知特征、情绪特征及意志特征构成。

(1) 性格的态度特征。性格的态度特征指的是个体处理社会各方面关系的特征,它决定了一个人对人生的选择方式。具体包括:① 对社会、集体、他人的态度特征,如忠于祖国、大公无私、漠不关心等;② 对工作、劳动、学习的态度特征,如兢兢业业、刻苦勤奋、敷衍了事等;③ 对待自己的态度特征,如谦虚谨慎、狂妄自大等。性格的态度特征往往会影响到个人职业的选择和成就。自私、对公益事业漠不关心、轻视社会行为规范的人,可能就不太适于从事与人打交道的职业,如教师、服务员、公关人员、外交人员等。

(2) 性格的认知特征。性格的认知特征是指人们在感知(感觉、知觉)、记忆、想象和思维等认识过程中所表现出来的个别差异。主要表现在四个方面:① 感知方面,如主动感知型和被动感知型;② 记忆方面,如直观形象记忆型和逻辑思维记忆型;③ 想象方面,如幻想型和现实型;④ 思维方面,如独立型和依赖型等。偏好独立思考,有着丰富想象力与创造性的人更适合开放的工作环境、不受约束的工作,比如设计师等各类艺术创作的职业;而倾向于被动感知,喜欢接受任务的人则更适合按部就班地工作,比如文员、档案管理员等。

（3）性格的情绪特征。性格的情绪特征是指人在情绪活动时所表现出来的性格特征，主要反映在情绪活动的强度、稳定性、持续性以及主导心境等方面的个别差异。主要表现在四个方面：① 情绪活动的强度，指情绪对人的行为的感染程度、支配程度以及情绪受意志控制的程度。如有的人情绪强度难以控制，情绪一经引起就比较强烈；有的人冷静处事，情绪不易受感染。② 情绪活动的稳定性，指情绪的起伏和波动程度。如有的人情绪易波动，为一件小事就可能大发雷霆；有的人情绪稳定、持久，荣辱不动声色。③ 情绪的持续性，指情绪发生后产生作用时间的长短。如有的人情绪活动一旦发生，持续时间很长，对人的各方面影响较大；有的人情绪活动持续时间短暂，一经发泄，就烟消云散。④ 主导心境，指人的经常性的情绪体验。如有的人总是愉快乐观；有的人总是多愁善感。情绪特征影响着人们的职业选择，情绪稳定而持久的人适合于精密细致的工作，比如医生、会计等，而情绪易冲动的人就不太适合了。

（4）性格的意志特征。性格的意志特征指的是个体对自我行为的自觉调节方式及水平方面的性格特征。具体表现在四个方面：① 行为目的方面的意志特征，如目的明确或盲目，独立或易受暗示等；② 行为的自觉控制水平方面的意志特征，如主动性、自制性等；③ 在长期或经常性的行为中所表现出的意志特征，如持之以恒、虎头蛇尾等；④ 在紧急情况或困难状态下表现出来的意志特征，如勇敢或怯懦等。性格的意志特征同职业的选择与成就也有着密切的关系，坚韧的人适宜从事要求耐力很强的工作，比如外科医生、科学研究人员、运动员等。

性格静态特征的几个方面彼此关联、相互制约，有机组成了一个整体。一般来说，性格的态度特征是性格的核心，直接表现出了一个人对事物所特有的、比较恒常的倾向，也决定了性格的其他特征。

2. 性格的动态特征

性格具有共同性与独特性、完整性与矛盾性、稳定性与可变性的动态特征。

（1）性格的共同性与独特性。性格是在一定历史时期的社会生活条件下形成的。在一定的经济、政治、文化条件中，性格具有典型性，即共同性。另外，构成性格的基本要素不是孤立静止地存在，而是以独特的组合方式结合成一个整体，从而造就了千差万别的独特性格，这就是性格的独特性。

（2）性格的完整性与矛盾性。性格各构成要素之间的相互联系、相互制约决定着性格结构的完整统一性。例如，一个对社会、集体有高度责任感的人，一般对工作、学习也是认真负责、脚踏实地的。因此，我们可以根据一个人的某种性格特征去推断他的另一些性格特征。然而，性格结构在完整统一中又会表现出矛盾性，会导致人在某些活动中的行为表现并没有反映出他内心的真实态度。例如，有些虚伪狡猾的人会表现出温文尔雅的礼貌行为，但实质并非代表他对别人很尊重。因此，必须从多角度、多场合去全面了解人的性格。

（3）性格的稳定性与可变性。性格一旦形成就具有了相对稳定性，改变起来不是轻而易举的,这是因为习惯化的行为方式,其形成过程经过多次的刺激与反应之间的联结,并最终形成较为固定的联系。这也是为什么许多学生都明白粗心大意对学习不利,但想克服却很困难的原因。如果说气质具有先天性特征,那么性格更多地受到后天条件作用的影响。虽然一经形成就比较稳定,但这并不意味着性格是一成不变的,一个人生活环境的重大变化也会带来性格特征的改变。

(三) 性格的类型

1. 外向型与内向型

根据人的心理活动倾向于外部还是内部,可把性格分为外向型和内向型,相对应的职业见表2-6:

表2-6 外向型与内向型的相应职业

性格类型	相应职业
外向型性格	适应与外界广泛接触的职业,如管理人员、警察、律师、政治家、推销员、记者、教师等
内向型性格	比较适合从事有计划的、稳定的、不需要与人过多交往的职业,如科学家、技术员、艺术家、会计师、打字员、统计员、资料管理人员、一般办公室职员等

2. 理智型、情绪型和意志型

根据知、情、意三者在性格中何者占优势,把人们的性格划分为理智型、情绪型和意志型。理智型的人,通常以理智来评价、支配和控制自己的行动;情绪型的人,往往不善于思考,其言行举止易受情绪左右;意志型的人一般表现为行动目标明确,主动积极。

3. 独立型与顺从型

根据个体独立性程度,把人们的性格划分为独立型和顺从型。独立型的人善于独立思考,不易受外来因素的干扰,能够独立地发现问题和解决问题;顺从型的人,易受外来因素的干扰,常不加分析地接受他人意见,应变能力较差。

此外,根据人的社会生活方式以及由此而形成的价值观,性格还可分为理论型、经济型、审美型、社会型、权力型和宗教型。职业性格分类见表2-7:

表2-7 职业性格分类

类型	特征	适合的职业
变化型	在新的和意外的活动或工作情境中感到愉快,喜欢有变化的和多样化的工作,善于转移注意力	记者、推销员、演员
重复型	适合连续从事同样的工作,按固定的计划或进度办事,喜欢重复的、有规律的、有标准的工种	纺织工、机床工、印刷工、电影放映员
服从型	愿意配合别人或按别人指示办事,而不愿意自己独立做出决策,担负责任	办公室职员、秘书、翻译

续 表

类 型	特 征	适合的职业
独立型	喜欢计划自己的活动和指导别人的活动或对未来的事情做出决定,在独立负责的工作情境中感到愉快	管理人员、律师、警察、侦察员
协作型	在与人协同工作时感到愉快,善于引导别人,并想得到同事们的喜欢	社会工作者、咨询人员
机智型	在紧张和危险的情况下能自我控制、沉着应付,发生意外和差错时不慌不忙出色地完成任务	驾驶员、飞行员、公安员、消防员、求生员
自我表现型	喜欢表现自己的爱好和个性,根据自己的感情做出选择,能通过自己的工作来表现自己的思想	演员、诗人、音乐家、画家
严谨型	注重工作过程中各个环节、细节的精确性,愿意按一套规划和步骤工作,尽可能做得完美,倾向于严格、努力地工作以看到自己出色完成工作的效果	会计、出纳员、统计员、校对员、图书档案管理员、打字员
劝服型	通过谈话或写作等使别人同意自己的观点,对别人的反应有较强的判断力,并善于影响别人的态度和观点	辅导员、行政人员、宣传工作者、作家

二、性格类型理论

性格类型是指一类人身上所共有的性格特征的独特组合,许多心理学家都对性格类型进行了大量研究,但由于性格自身的复杂性,研究者对性格分类的标准和原则尚未达成共识。现今出现的一些性格类型学说,往往只是研究者根据各自立场、观点和所观察到的事实,从某一方面或某一角度对人的性格特征进行概括、归类的结果。

本文将介绍的是迈尔斯-布里格斯类型指标(Myers-Briggs Type Indicator, MBTI),它是美国心理学家凯瑟琳·库克·布里格斯(Katherine Cook Briggs)和她女儿伊莎贝尔·布里格斯·迈尔斯(Isabel Briggs Myers)在瑞士著名心理学家卡尔·荣格(Carl G. Jung)提出的心理类型理论基础上研究和发展起来的,共有四个维度,即一是能量的投注方向:外倾(E)—内倾(I);二是信息的接受方式:感觉(S)—直觉(N);三是做决策的方式:思维(T)—情感(F);四是喜好的生活方式:判断(J)—知觉(P)。

四个维度如同四把标尺,每个人的性格都会落在标尺的某个点上,这个点靠近哪个端点,就意味着个体有哪方面的偏好。例如,在第一维度上,个体的性格靠近E这一端,就意味着其偏外倾,而且越接近端点,偏好越强。四个维度八个端点可以组合成十六种性格类型。

你可以随着本文对于性格维度和类型的介绍,对自己的偏好及类型做些简单分析,为进一步的评估奠定基础。

(一)维度的解析

从上述MBTI维度来描述职业性格,具体表现在:

1. 能量倾向：外倾(E)—内倾(I)

这个维度描述的是我们与外界相互作用的程度，及自己的能量是被引向外界还是内心。比如说，遇到烦闷的时候，是更愿意与朋友倾诉，还是更愿意通过日记或者其他方式与内心交流。愿意与外界交流即为外向，反之为内向。

2. 接受信息：感觉(S)—直觉(N)

这个维度描述的是我们接受外部信息的方式。通常情况下，更愿意接受通过五官得到的信息，还是更愿意相信推理、判断以及第六感；更崇尚现实，还是更崇尚想象。感觉(S)型更重实际，直觉(N)型反之。

3. 处理信息：思维(T)—情感(F)

这个维度描述的是我们做决定和得出结论的方式。思考(T)型的人更能接受"法不容情"的观念，也更为公正；而情感(F)型的人则更愿意接受"情有可原"的观念，更重视和谐、宽容。

4. 行动方式：判断(J)—知觉(P)

这个维度描述的是我们喜欢用一种固定的方式生活，还是用一种自然的方式生活。比如同样是约会，通常判断(J)型的人准时的概率非常高，而知觉(P)型的人迟到的概率就相对较高。判断型崇尚规划时间，而知觉型更愿意灵活地使用时间。

根据这四个维度，每个人经过测试都能获得一个由四个字母组成的MBTI代码。

(二) 类型的描述

通过对照这四个维度的描述，你或许已经能识别出自己在每个维度上的偏好，取每个维度上偏好类型的代表字母，这就构成了你的性格类型，如ISFJ，即内倾感觉情感判断型；ENFP，即外倾直觉情感知觉型。四个维度、八个端点可组合成16种性格类型（见表2-8），你必然属于其中的一种。

表2-8 MBTI的16种性格类型

内倾感觉思维判断 (ISTJ)	内倾感觉情感判断 (ISFJ)	内倾直觉情感判断 (INFJ)	内倾直觉思维判断 (INTJ)
内倾感觉思维知觉 (ISTP)	内倾感觉情感知觉 (ISFP)	内倾直觉情感知觉 (INFP)	内倾直觉思维知觉 (INTP)
外倾感觉思维判断 (ESTJ)	外倾感觉情感判断 (ESFJ)	外倾直觉情感判断 (ENFJ)	外倾直觉思维判断 (ENTJ)
外倾感觉思维知觉 (ESTP)	外倾感觉情感知觉 (ESFP)	外倾直觉情感知觉 (ENFP)	外倾直觉思维知觉 (ENTP)

(三) 适合的职业

16种类型都有各自适合的职业，具体见表2-9：

表 2-9 16 种性格类型适合的职业

ISTJ	ISFJ	INFJ	INTJ
● 管理者 ● 行政管理 ● 执法者 ● 会计 或者其他能够让他们可以利用自己的经验和对细节的注意完成任务的职业	● 教育 ● 健康护理(包括生理、心理) ● 宗教服务 或者其他能够让他们运用自己的经验亲力亲为帮助别人的职业,这种帮助是协助或辅助性的	● 宗教 ● 咨询服务(包括个人、社会、心理等) ● 教学/教导 ● 艺术 或者其他能够促进他们情感、智力或精神发展的职业	● 科学或技术领域 ● 计算机 ● 法律 或者其他能够让他们运用智力创造和技术知识去构思、分析和完成任务的职业
ISTP	ISFP	INFP	INTP
● 熟练工种 ● 技术领域 ● 农业 ● 执法者 ● 军人 或者其他能够让他们动手操作、分析数据或事情的职业	● 健康护理(包括生理、心理) ● 商业 ● 执法者 或者其他能够让他们运用友善、专注于细节的相关服务的职业	● 咨询服务(包括个人、社会、心理等) ● 写作 ● 艺术 或者其他能够让他们运用创造和集中于他们的价值观的职业	● 科学或技术领域 或者其他能够让他们基于自己的专业技术知识独立、客观分析问题的职业
ESTP	ESFP	ENFP	ENTP
● 市场 ● 熟练工种 ● 商业 ● 执法者 ● 应用技术 或者其他能够让他们利用行动关注必要细节的职业	● 健康护理(包括生理、心理) ● 教学/教导 ● 教练 ● 儿童保育 ● 熟练工种 或者其他能够让他们利用外向的天性和热情去帮助那些有实际需要的人们的职业	● 咨询服务(包括个人、社会、心理等) ● 教学/教导 ● 宗教 ● 艺术 或者其他能够让他们利用创造和交流去帮助促进他人成长的职业	● 科学 ● 管理者 ● 技术 ● 艺术 或者其他能够让他们有机会不断承担新挑战的工作
ESTJ	ESFJ	ENFJ	ENTJ
● 管理者 ● 行政管理 ● 执法者 或者其他能够让他们运用对事实的逻辑和组织完成任务的职业	● 教育 ● 健康护理(包括生理、心理) ● 宗教 或者其他能够让他么运用个人关怀为他人提供服务的职业	● 宗教 ● 艺术 ● 教学/教导 或者其他能够让他们帮助别人在情感、智力和精神上成长的职业	● 管理者 ● 领导者 或者其他能够让他们运用实际分析、战略计划和组织完成任务的职业

三、性格的评估与完善

每种性格都有优势与不足,清楚地认识自己的性格类型既可以更好地帮助人发挥优势、避免劣势,又可以很好地理解和接纳与他人之间的差异,而性格与职业的最佳匹配也能使工作更有效率,大大提升人们的职业稳定性和满意度。

(一) 性格评估

如果要了解自己的性格,可以借助评估工具,包括正式评估和非正式评估两大类。

1. 正式评估

心理测试作为正式评估方法,在性格测评中发挥着重要的作用。常用的性格测评工具有:

(1) 迈尔斯-布里格斯类型指标测评(MBTI)。如前所述,MBTI 是当今世界上应用最广泛的性格测试工具和人才甄别工具之一,可以衡量和描述人们在获取信息、做出决策、对待生活等方面的心理活动规律和性格类型,主要应用于职业发展、职业咨询、婚姻教育等方面。

(2) 卡特尔 16 种人格因素测验(16PF)。16PF 由美国伊利诺州立大学人格及能力研究所卡特尔(Raymond Cattell)教授编制,他经过多年研究,确定出 16 种人格特质,并据此编制了测验量表,测验共 187 个项目。我国上海、辽宁、北京、台湾等地都引进并修订了该问卷,目前在我国广为使用,且许多人才测评机构也都采用此项测验。

性格测评的方法有很多种,现在比较流行的还有九型人格(Enneagram),它按照人们的思维、情绪和行为,将人分为九种,即完美主义者、给予者、实干者、悲情浪漫者、观察者、怀疑者、享乐主义者、保护者、调停者。与当今其他性格分类法不同,九型性格揭示了人们内在最深层的价值观和注意力焦点,它不受表面的外在行为的变化所影响。九型人格近年来已风行学术界及工商界,全球 500 强企业的管理阶层多有研习九型性格,并以此培训员工,建立团队,提高执行力。

此外,需要注意的是,性格测评所得结果只是一个参考,不能将之绝对化。

2. 非正式评估

结合自我评估和他人评估,我们可能会发现不一样的自己。这其中有正确的,也有错误的,此时我们可以对照正式测评结果,它们当中比较一致的部分可能就是自己真正的性格特点。

(二) 性格完善

成功不是偶然的,它与你的性格息息相关。人们常说"性格决定命运",不好的性格可能对人的职业生涯有着消极影响。一个人如何在激烈的竞争中生存立足,并求得最佳发展,性格的修缮至关重要,为此我们可以从以下几个方面努力:

1. 正确对待性格优劣

"金无足赤,人无完人"。刚直坚韧的性格,坦诚不阿,但易失之偏激;温顺善良的性格,优点在于宽容待人,但可能不果断;好动开朗的性格,可取之处在于能不断进取,不足之处可能是轻率鲁莽;沉稳恬静的性格,优点是遇事深思熟虑,但往往失于迟缓……要善于正确地自我评估,辩证地对待自己的优缺点,使优势进一步巩固,努力改善不足的地方。

俗话说"江山易改，本性难移"，要彻底改变我们的性格，确实不易，但"难移"不等于"不能移"。一个粗枝大叶的人，就要有意识地在做每件事之前仔细检查自己的准备工作，周密地制订行动计划，并在事后仔细地总结；外倾的人在表现自我的同时也要适当地对自己的内心世界进行反省，因为只有擅长内省的人才会不断地超越自我；内倾的人则在善于深度思考的同时也要表达出自己的意见，有时经常与他人进行沟通会使自己的知识面更广，还会带来一些意想不到的机遇。

2. 选择合适的榜样学习

榜样是一面镜子，能照出自己与他们的差距，同时也成为完善自身性格的无形力量。了解自己性格中缺少的从事某种职业应具备的特征，努力去弥补。暴躁易冲动的人，如果想要从事教师的职业，就需要努力培养自己的"忍"和"耐心"，以榜样为鉴，取人之长、补人之短。

3. 积极参与社会实践

社会是一个大熔炉，在与人交往中，我们可以发现自身性格的不足与缺陷，通过实践让自己长期养成一种自觉行动，并形成习惯，从而磨砺和完善自己的性格。微软公司作为全球知名企业，是许多人梦寐以求想加入的公司，而进入微软技术支持中心的第一步，便是接受为期一个月的封闭式培训，关于如何接电话，微软就有一套手册。微软公司培训的目的就是要把头角峥嵘的学子们转化为真正的职业人。

4. 自我要求，严格执行

为了使性格更符合所从事的职业，我们需要通过自我分析、自我约束等方式来自我要求并积极执行。美国科学家富兰克林在年轻时就下决心"克服一切坏的自然倾向、习惯或伙伴的吸引"。为此他给自己制订了一项包括13个项目的性格修养计划：节制、静默、守纪律、果断、俭约、勤勉、真诚、公平、稳健、整洁、宁静、坚贞和谦逊。为了监督自己是否逐条执行，他将这些内容记录在小本子上，画出七行空格，每晚自我反省一番。如果白天犯了某一种过失，就在相应的空格上记黑点。他希望通过长年累月的自我反省和自我要求，能够完全消灭那些黑点。后来，他也确实实现了自己的目标。

谚语云："播种性格，收获命运。"这句谚语至少包含两层含义：其一，性格是可以塑造的；其二，性格与个人的前途、命运有着密切关系。我们在职业生涯规划过程中，要充分了解自身的性格特点，并在选择职业时尽量做到职业与性格相匹配，同时有意识地培养和塑造自身的性格，扬长避短，以便在社会中找到自己的最佳位置，实现自己的人生价值。

项目训练

进行一次有效的自我沟通，了解自己的性格。

第四节 价值观

案例导入

一个满腹经纶的作家出名后有了些财富,便开始环游世界、到处走走。他带着一些金钱及书本开始旅游。有一次他搭上了一艘船,准备海上之旅。不料半途遇上了一场可怕的暴风雨,每个人都急忙抢救身上值钱的东西,作家却只拿了笔记本。一旁的人问他:"你不打算保住你的财产吗?"作家回答:"我所有的财产都在我身上了。"暴风雨过后,有些人因拿了过重的财物而无法逃出,而作家则幸运地活了下来。等他到了另外一个城市,便将这个冒险故事写成书。一路上他就靠着文笔才华顺利地回到家乡。

知识是唯一不会亏本的生产工具,一个有学问、有智慧的人懂得利用所学发挥自己的才华,改善目前的生活,帮助自己从困境中跳脱出来,并使人生充满意义及乐趣。不同的人生价值观决定不同的命运。

一、价值观概述

1. 价值观的含义

价值观是指个人对客观事物(包括人、物、事)及对自己的行为结果的意义、作用、效果和重要性的总体评价,是对"什么是好的""什么是应该的"的总看法,是推动并指引一个人采取决定和行动的原则、标准,是个性心理结构的核心因素之一。它使人的行为带有稳定的倾向性。

价值观是一种内心尺度。它凌驾于整个人性当中,支配着人的行为、态度、观察、信念、理解等,支配着人认识世界、明白事物对自己的意义和自我了解、自我定向、自我设计等,也为人自认为正当的行为提供充足的理由。本文考察的职业价值观,不是看人们如何看待"职业价值"的本质,而是注重探讨人们在职业选择和职业生活中,在众多的价值取向里,优先考虑哪种价值。

2. 职业价值观的含义

俗话说:"人各有志"。这个"志"表现在职业选择上就是职业价值观,它是一种具有明确的目的性、自觉性和坚定性的职业选择的态度和行为,对一个人的职业目标和择业动机起着决定性作用。职业价值观也叫工作价值观,是价值观在所从事的职业上的体现,是人们对待职业的一种信念和态度,或者是在职业生涯中表现出来的一种价值取向。

职业价值观通常都是与某种职业紧密相连,并且作为个体与职业之间进行匹配的基础。比如,志愿服务对你来说是一项重要的职业价值观,那么,具有显著志愿服务特征的工作,如社会学者、导游、福利机构工作者、咨询人员、社会工作者、社会科学教师、护士等,就是你将来从事职业所要考虑的方向;如果你认为帮助别人使你的人生更有意义,你可以选择服务取向的职业;如果你喜欢冒险,你可以选择充满挑战性的工作。认真分析和了解个人的职业价值观,对正确开展职业生涯规划有着重要的意义。如果一个人非常清楚自己的价值观,知道什么对自己是最重要的,知道自己想追寻什么,那么他的生涯目标也会越清晰。

根据不同的划分标准,人们对职业价值观的种类划分也不同。例如,美国心理学家洛特克在其所著《人类价值观的本质》一书中,提出13种价值观:成就感、审美追求、挑战、健康、收入与财富、独立性、爱、家庭与人际关系、道德感、欢乐、权利、安全感、自我成长和社会交往。

3. 职业价值观探索的意义

职业价值观在职业生涯规划中的作用,正如李开复所说的:"行为、态度和价值如环环相扣,一个人要想取得成功,就必须拥有正确的价值观,因为价值观是指导所有态度和行为的根本因素。"职业价值观关联着职业选择,同时也推动着职业发展。

职业价值观还能让我们面临困境时仍保持斗志。当工作与个人价值观互相违背时,工作会变成痛苦的来源;但如果工作与个人价值观相符,即使其他的条件并不如意,我们往往也能乐在其中。

一个清楚自己职业价值观的人,对工作的目标和意义是肯定的,能够弄清楚自己在工作中真正想要的是什么,能够将自己最强烈的需要与不同的工作性质联系在一起;面对许多职业决定,能够较易做出明智的选择,最终找到适合自己的职业。

二、职业价值观评估

职业价值观是个体独特经历的反应,影响着个体的职业选择和发展,故而澄清自己的职业价值观是十分必要的。那么,我们如何才能澄清自己的职业价值观呢?

1. 职业价值观测试

职业价值观测试是指一个人对职业的认识和态度,以及他对职业目标的追求和向往。职业价值观决定了一个人的职业期望,影响着其对职业方向和职业目标的选择,决定着其就业后的工作态度和工作绩效水平,从而也决定了其职业发展情况。职业价值观测试对于个人选择职业类型和职业发展方向,以及企业招聘、选拔和培养具有重要指导意义。

职业价值观测试一般可以通过价值观分类法、价值观拍卖法、问卷量表等方法进行测评。职业价值观的心理测评目前使用较多的是宁维卫1990年修订的舒伯编制的《职业价值量表》。现已在一定范围内使用,其修订的职业价值量表含60个项目,涉及15个职业价值观。

2. 职业价值观的完善

职业价值观一旦形成往往能够决定我们的职业追求,但它也会随着现实环境的变化而发生一些改变。对大学生而言,在进行职业生涯规划时,既要看到职业价值观的稳定性和长远性,也要看到它的可变性和现实性。职业价值观的完善主要体现在以下几个方面:

(1) 职业价值观应符合社会现实。探索职业价值观之后,也需要将个人价值观同社会价值观在一定程度上相结合,既要知晓"我想要什么",也要符合"社会需要什么"。人是社会的人,不可能离开社会而单独存在,社会价值是实现个人价值的基础,没有社会价值,人生的自我价值就无法实现。

一些刚刚走出校门没有任何工作经验的大学生,对工作的要求是进国企,做管理,当白领,成精英,这似乎有些不符合实际;人才市场中,市场、销售是招人最多的职位,但也是很多人最不愿意选择的工作。所以,一个怪现象就很自然地出现了:招人的部门没人去,想去的部门不招人。调查显示,大学生最愿意去的依次是政府机关、事业单位、大型国企等,这表明大学生的职业价值观中对"声望地位"和"安全稳定"的看重。这是个人发展的必然要求,也是无可厚非的,但是现阶段经济危机尚未平息、就业形势也非常严峻,职业追求与就业现实的落差需要我们及时调整观念。

其实职业本无高低贵贱之分,职业声望并不是工作本身赋予你的,而是靠自己争取获得的。从马斯洛(Abraham Harold Maslow)的需求层次来看,当前更加现实的追求是找一个自己能够胜任的工作,不断积累经验,先满足低层次的需要,再追寻高层次的需要。

(2) 职业价值观应经常审视澄清。随着我们所处的生涯发展阶段、社会环境的变化,我们的职业价值观也应不断地修缮。如鲁迅弃医从文,就是自身职业价值观的修缮。我们应经常审视自己职业价值观中是否有不太合理的地方。求职之前我们一定要认真地问问自己究竟想要怎样的工作,过怎样的生活。愿意竞争,追求成就,留在大城市打拼,那是可以的;如果只是受舆论或他人影响而"宁要城里一张床,不要乡镇一套房",可能就不太成熟。

此外,当今社会多元文化的冲击,也会导致原有价值观体系的混乱乃至改变。曾经士农工商的末者而今是经济发展的推动者,如今是"三百六十行,行行出状元"。因此,职业价值观需要不断地审视和澄清。

和其他特质相比,价值观隐藏较深,不易察觉和理解,但却有重要影响。职业价值观的最终获得来自生活的磨砺以及成败得失之后对职业的总结。由于生活阅历等局限,大学生尤其是大一新生对于价值因子难以有深刻的体验,因此,对价值观的探索是有些难度的,这就需要我们日后多磨砺、多思考、多反省,方能逐渐明确。

三、心理特质的整合

本章前面内容我们探索的焦点是兴趣、能力、性格和价值观。它们从各个侧面展示了个体的职业心理。能力主要是后天的努力,可以不断提高,而兴趣、性格和价值观是一个逐渐养成的过程,需要自己去发现。许多研究都表明,能力是职业规划中最为外显的因素,兴趣和性格次之,价值观最为隐蔽。

兴趣、能力、性格和价值观这四者对职业选择和发展有着至关重要的影响。职业选择是否令人满意,不仅取决于其中单一因素,而是需要将它们作为一个整体来把握,关键在于这四个因素之间的整合。

整合时,应力求全面分析、重点把握。所谓全面分析,意在对各个心理因素的评估信息深入细致地加以理解,特别是对相关特征以及测评分数的含义要正确、充分地理解。所谓重点把握,意在特别关注得分偏高或偏低的特质,这些特质往往是个体职业心理中非常突出的特点,把它们联系起来,往往可以看出某个人的特征。

1. 兴趣与能力

区分兴趣和能力是重要的。兴趣是喜好,能力是胜任。兴趣引领我们的职业方向,而能力则是沿此方向前进的必要条件。

人的兴趣和能力领域可能是重合的。兴趣促使我们更加关注、研究工作的内容,这有利于能力的提高,能使我们更好地胜任工作。同样,胜任某项工作也会激发我们更大的兴趣,从而更加努力地工作。

但由于现实条件的限制,经常会发生个体感兴趣的未必是擅长的,或擅长的未必是感兴趣的。此时职业选择会出现两种情况:① 以兴趣为导向选择职业,会给人带来兴奋甚至是痴迷,为此也会加倍努力以胜任工作,但若能力仍有差距则会带来焦虑;② 以能力为导向选择职业,会给人带来轻松,但若忽略了兴趣也极易导致职业倦怠。

因此,职业生涯规划中,我们应尽量寻找兴趣和能力的结合点。如骨科专业的小张,主导兴趣类型是社会型,喜欢做营销、管理等工作。毕业后他没有去医院工作,而是选择某国有大公司的营销职位,负责骨科医疗器械推广销售工作。小张准确地找到了自己能力和兴趣的结合点,最终找到了自己满意的工作。

2. 能力与性格

不管是组织招聘还是个人择业,比较强调的是能力,对于性格则不太在意。事实上,能力代表的是个体在活动中达到的最高水平,如果性格与所从事的活动要求比较吻合,则能力的发挥比较自然,否则,要在态度上做很大的努力。

某涉外饭店,欲招聘一名总台服务员,根据以往经验,他们设定了两个核心条件:外形较好以及外语较好。小王顺利应聘,但不久之后,饭店发现客人对小王的服务并不满意。人力资源部门的考核显示小王的外语能力是相当不错的,问题出在他性格内倾指数较高。小王自己也承认:"和别人说话,我自己都感到累!"这是典型的能力满足职业要求,但性格不适合的例子。

3. 兴趣与价值观

工作给我们带来的资源是丰富的,工作过程也许会满足我们的创造、自由、审美等多种愿望,工作结果也会带来种种报酬,如薪水、福利、进修机会等。但更多的时候,我们会发现,审视具体工作时,总会有让自己感到遗憾的地方,一份工作很难提供给自己希望得到的所有资源,哪怕是大部分资源,也许我们会对某项工作带来的种种报酬感到满意,但对工作内容、工作活动本身不感兴趣;或者反之,也许对工作内容感兴趣,但不满意于工作结果,或对工作结果所得的薪水满意,而对社会地位不满意等。解决这类冲突的过程,事实上就是价值澄清的过程,这有助于弄清我们为何对某些职业感兴趣而不是另一些职业。

　　心理特质整合后,最理想的结果莫过于选择的职业是这四者的结合点,但经过上述分析我们或许已经发现这几方面的冲突并不鲜见,经常会面临鱼和熊掌的两难选择。所以,解决冲突、寻求协调也是自我探索的一个重要目的。在条件允许的时候寻求适合,但是当条件不允许的时候我们也要学会适应。

　　职业选择要从长计议,所谓"不谋一世者不足谋一时"。为者常成,行者常至。我们需要将自我探索视为一生的课题,以完善自己的职业发展之路。

项目训练

大学生如何树立正确的人生价值观?

阅读与鉴赏

阅读:《发现你的行动力》([英]理查德·怀斯曼　著)。
鉴赏:《面对巨人》(电影)。

思维拓展

在选择与被选择之间我该如何抉择?

行动与任务一

根据对自己的兴趣、能力、性格、价值观等分析,完成自我认知报告。

行动与任务二

二维码内含微课、学习任务、经典案例和拓展阅读,快来扫一扫!

自我认知

大学生职业生涯发展规划

主编 肖尚军 张 丹

第3章
外界探索
学习手册

南京大学出版社

第3章
外界探索

> **引导语**
>
> 我们的视角需要拓宽——由内部转向外部,寻找一个可以实现自己生涯理想的外部平台——职业世界。怎样能够更好地利用这个外界平台,帮助个人根据自己的兴趣、能力、价值观、性格与环境因素相结合投入心力开展志向之业,实现其目标,是职业生涯中至关重要的一部分内容。本章通过开拓学生对工作世界的认知构想、工作世界信息的内容与方法等,让学生更好地探索工作世界。

听音频

外界探索

> 既然不能驾驭外界,我就驾驭自己;如果外界不适应我,那么我就去适应他们。
>
> ——蒙田(法)

《现代汉语词典》对"外界"的解释是:某个物体以外的空间或某个集体以外的社会。它是一个相对的概念,对于每个人来说,他以外的人、事、物都属于外界的范畴,无限宽广。

中国古语云:"天时地利人和"。意思是凡事欲成,都取决于多方面因素的协调统一,既有自身内部的因素,也有外在环境的因素。因此,我们设定职业生涯发展目标并努力达成,不仅需要"省吾身",探索自我,了解自己的优势与局限,而且需要"睁眼看世界",探索自我以外的环境,找到资源与机会。生涯决定的社会学习理论提出者约翰·克朗伯兹探讨了影响职业生涯决定的各种因素,其中涉及的环境因素包括职场因素、教育因素、家庭因素、社会因素等。这为我们探索外界提供了思路。在职业生涯规划中,我们把对个体生涯规划产生影响的除我自己以外的因素视作外界探索的对象。

> **案例导入**
>
> 上大二的刘刚面对未来很迷茫,对所学的公共事业管理专业没太多感觉。别人都说这个专业一方面是万金油,另一方面没什么竞争优势,所以他想利用业余时间再学习一些其他专业的知识或技能。但究竟社会上都有哪些工作岗位,这些工作岗位的用人

1

要求是什么,刘刚一点也不知道,况且他自己喜欢哪种工作也并不确定。这让刘刚怎么准备呢?

晓静在跨出大学校门之前对自己的未来已经有比较清晰的想法:做一个白领,优雅、干练,办公环境整洁、漂亮。她毕业后如愿以偿地进入一家企业做办公室职员,但是工作不久,她的幸福感就被繁复、琐碎的日常事务淹没了。晓静没想到做一个办公室白领如此没有成就感。

在校读了十几年的书,突然要面对社会、工作,这份陌生感对大学生而言,是正常的。对工作世界的不了解,常常令其在进行职业规划或求职时产生困惑,在生涯规划中难以决策,陷入被动,就像学生常说的那样:稀里糊涂地就把自己卖了。所以对职业世界的探索和了解可以帮助大学生更为主动地把握个人生涯的发展。

第一节 职业认知

案例导入

《杜拉拉升职记》,这篇小说的主人公是杜拉拉,她是一个从民企刚刚步入外企的年轻白领,整篇小说讲述了她由青涩、懵懂,到逐渐改变,慢慢走向成熟稳重;在事业、爱情上,经历了一次次困难、危机,但都不言放弃,最终成功的故事。

一、职场探索内容

职场探索的内容主要是围绕职业生涯的起点、阶段和路径展开的。具体阐述如下:

(一) 行业探索

产业、行业、企业和公司与职业的关系是密不可分的,要更好地了解职业,首先我们要清楚地掌握"产业""行业""企业"和"公司"这些概念。

产业,是对能够带来增加值(附加值)的社会经济领域的总称,属于经济学概念。概略地说,一个产业是一定区域内(如一国或一个地区)生产同类或同一产品(包括服务)的所有企业的集合。这主要是从供给的角度考查的,如果从需求的角度看,结果则不一定与其完全一致。

三次产业分类是新西兰经济学家费希尔首先提出的产业分类方法。该分类方法将国民经济全部活动划分为第一产业(Primary Industry)、第二产业(Secondary Industry)和第三产业(Tertiary Industry)。虽然世界各国对三次产业的划分并不完全一致,但一般来说,第一产业对应的是广义的农业,包括种植业、林业、畜牧业和渔业;第二产业对应的是广义的工业(包括采掘业、制造业、供水、电力等)和建筑业;第三产业则对应着广义的服务业,即第一和第二产业以外的各业。三次产业分类是对全部经济活动的最简明分类,在发展经济学和国民经济核算中广泛运用。

根据《国民经济行业分类》(GB/T 4754—2017),第一、二、三产业划分范围如下:① 第一产业是指农、林、牧、渔业(不含农、林、牧、渔专业及辅助性活动)。② 第二产业是指采矿业(不含开采专业及辅助性活动),制造业(不含金属制品、机械和设备修理业),电力、热力、燃气及水生产和供应业,建筑业。③ 第三产业即服务业,是指除第一产业、第二产业以外的其他行业。第三产业包括:批发和零售业,交通运输、装卸搬运和仓储业和邮政业,住宿和餐饮业,信息传输、软件和信息技术服务业,金融业,房地产业,租赁和商务服务业,科学研究和技术服务业,水利、环境和公共设施管理业,居民服务、修理和其他服务业,教育,卫生和社会工作,文化、体育和娱乐业,公共管理、社会保障和社会组织,国际组织,以及农、林、牧、渔业中的农、林、牧、渔专业及辅助性活动,开采专业及辅助性活动,制造业中的金属制品、机械和设备修理业。

行业,一般是指其按生产同类产品或具有相同工艺过程或提供同类劳动服务划分的经济活动类别,如饮食行业、服装行业、机械行业等。

企业,一般是指在社会化大生产条件下,从事生产、流通与服务等经济活动的营利性组织。

公司,是由两个或两个以上自然人或法人投资设立的,具有独立法人资格和法人财产的企业。

(二) 职业探索

1. 职业与职业劳动

职业,就是人在社会中所从事的作为主要生活条件来源的劳动。职业的要素有三方面:一是谋生;二是承担社会义务;三是促进个性的健康发展。根据职业产生的发展历史及其对人类社会发展的影响,职业具有以下特征:一是产业性;二是行业性;三是职位性;四是组群性;五是时空性。

物质条件是人们生存的基础,人们要获得衣、食、居住等生活资料,就必须参加劳动。劳动,作为人们谋生的手段是人类社会的普遍现象。以谋生为目的的劳动是职业劳动。例如,母亲照看自己的孩子是家务劳动;而保姆照看他人的孩子,取得一定的报酬作为生活来源,便是职业劳动。

职业劳动,不仅为个人谋生,同时也是尽社会义务。一个人通常只能从事一种或几种具体的劳动,不可能生产出个人所需要的所有生活资料,人和人之间是相互依存的,需要用自己的劳动成果与别人的劳动成果相交换。通过交换,在满足自己需要的同时,也满足了其他社会成员的需要,从而起到了为他人服务的作用,对国家和社会做出了贡献。

在人的一生中,职业生活占有重要位置。职业活动对于人的个性发展,有着至关重要的影响。人们接受教育所获得的知识和能力,通过职业劳动发挥出来,产生社会作用;同时人们在职业劳动的实践中,自己的体力、智力、知识和技能的水平也不断得到发展和完善。

2. 职业分类

社会分工是职业分类的依据。据国际职业分类词典介绍,现代社会职业分类有一万多种。如此众多的职业岗位,是在社会分工和劳动分工的基础上划分的。社会分工是指由于生产发展需要而引起的国民经济各部门之间的分工,也包括各部门内部的分工。在分工体系的每一个环节上,劳动对象、劳动工具以及劳动的支出形式都各有特殊性,这种特殊性决定了各种职业之间的区别。

根据不同标准,可有不同的分类方法。如:从行业上划分,可分为第一、二、三产业;从工作特点上划分,可分为务实(使用机器、工具和设备的工种)、社会服务、文教、科研、艺术及创造、计算及数学(钱财管理、资料统计)、自然界职业、管理、一般服务性职业等10多种类型的职业。每一种分类方法,对其职业的特定性都有明确的解释,这对我们更好地掌握某一职业的特点,选择适合自身的职业有着指导作用。

(三) 职业生涯路径

职业生涯路径是指个体从进入职场到退休的整个职业生涯过程中所经历的一系列岗位和职位层级形成的链条。一般来说,员工职业生涯路径主要有:纵向职业生涯路径、横向职业生涯路径和双(多)重职业生涯路径。

二、职场探索方法

关于职场探索的方法,可以根据探索的直接程度粗略地分为两类:一类是通过专门的就业服务组织进行间接的职场探索。借他人之力,信息的收集相对较快。另一类是自己直接进行职场探索,从书面收集到专业实习等信息都可以视为此类。

非正式评估是求职者不经意之间得到的对某个信息的前期评估。正式评估是指各种正式的职业测评,如兴趣测评等。学生在选择测评时应注意该测评的信效度是否合格。一些书面资料比如报纸、杂志、专业书籍、印刷品等都有可能提供职业信息。

1. 评估职业的方法

面对千变万化的工作世界、包罗万象的职业类别,需要依据一些方法来评估职业的各种范围或工作性质能否契合你的需要;或是你的各方面特质是否为该职业所需要的。例如 P.L.A.C.E 方法,这个方法要求考虑关于每个职业的五个要素:

P:职位(position),一般责任、工作层次和有关单位。

L:地点(location),包括你将工作的地理区域和物理环境。

A:晋升(advancement),机会和工作的保障。

C:雇佣条件(condition),包括奖金、薪水、进修机会、工作时间、着装得体、休假情形及特殊雇佣规定等。

E:入门要求(entry),包括所需的文化程度、职业资格、培训经历、经验、能力、人格特质等条件。

2. 收集职业资讯的方法

（1）职业简介。各种职业分类法系统地提供了有关工作世界的重要资讯来源，可提供查阅以获得该项重要资源。

（2）求才广告。翻开铺天盖地的报纸，查阅每天的求才、求职广告栏，各种各样的大小广告令人眼花缭乱。如何从中搜寻真正适合自己的职业也很重要。

（3）网络资源。当今社会，越来越多的信息都是通过网络获取的，网络上有很多与职业相关的网站，例如前程无忧、智联招聘、中华英才、若邻网等，还有一些网站特别针对不同专业提供了不同的职业信息。电脑科技高度发展，各种资讯在网络社会中的交流相当频繁而密切。因此，你所需要的职业资讯，也可从网络上来搜寻，也许会有意想不到的收获。

（4）生涯人物访谈。在充分阅读有关职业的书面叙述的基础上，可找多位从事该职业的资深工作者进行了解，一方面可印证所收集的职业资讯正确与否，另一方面可更深入了解工作者本身从事该项职业的生涯抉择和酸甜苦辣，以审视自身，参考是否投入该项职业。此外，如果人物访谈地点为其工作场所，更可实际观察其工作情形、应对进退等，以评估自己对该类工作的喜好或适合程度。所以，生涯人物访谈是收集职业资讯不可或缺的重要方法，可一举而数得。

可通过朋友介绍或自己毛遂自荐，访谈一位从事你所感兴趣职业的资深工作者或至少有三年以上工作经验者。很礼貌地告诉对方，由于你对该项职业深感兴趣，希望能更进一步了解该职业的相关资讯，以及他从事该职业的心得和经验。如果可以，请他安排半个小时至一个小时的时间，让你到他的工作场所拜访他；如对方工作繁忙也可通过微博、微信、邮件、QQ等其他方式进行交流，当然其效果不如面谈好，但也能有所收获。

在正式访问之前，你需要列出一张访谈问题清单，见表3-1：

表3-1 访谈问题清单

职业资讯方面	生涯经验方面
（1）工作性质、任务或内容	（1）教育或训练背景
（2）工作环境、就业地点	（2）投入该职业的抉择
（3）所需的教育、培训或经验	（3）生涯发展历程
（4）所需的个人资格、技巧和能力	（4）工作经验心得：乐趣和困难
（5）收入或薪资范围、福利	（5）对工作的看法
（6）工作时间和生活形态	（6）获得成功的条件
（7）相关职业和就业机会	（7）未来生涯规划
（8）进修和升迁机会	（8）对后辈的建议
（9）组织文化和规范	
（10）未来展望	

（5）实际接触。如果你想要更明确地了解某项职业的实际工作情况，请为自己安排一些实地参访、实习或打工的工作经验，这是投入该职业的基本预备动作。

我们生活在信息发达的时代，可以通过各种各样的方法去搜索工作的信息，例如人才网招聘、现场招聘会、角色扮演等都是很好的方法。可以通过身边的各个方面对工作世界进行探索，就连一次交谈、一则广告都有可能会帮助你对工作世界有所认识。对于工作世界的了解是没有时间限制的，而且不光要讲方法，最关键的是要用心，随时关注身边的信息。但工作世界信息只是学生做决策时要考虑的因素之一，学生不能过分依靠外部的环境情况来决定自己的发展，只有综合考虑自己的兴趣、性格、能力等其他因素才能做出正确的决策。当外部环境条件比较恶劣时，我们会特别关注自己的内部资源，一味地抱怨和害怕只能让自己丧失信心和判断力。

项目训练

进行一次职业生涯人物访谈，加强对职业的理解。

第二节 家庭认知

案例导入

孟子小时候很贪玩，模仿性很强。他家原来住在坟地附近，他常常玩筑坟墓或学别人哭拜的游戏。母亲认为这样不好，就把家搬到集市附近，孟子又模仿别人做生意和杀猪的游戏。孟母认为这个环境也不好，就把家搬到学堂旁边。孟子就跟着学生们学习礼节和知识。孟母认为这才是孩子应该学习的，心里很高兴，就不再搬家了。这就是历史上著名的"孟母三迁"的故事。

对于孟子的教育，孟母甚是重视。除了送他上学外，还督促他学习。有一天，孟子从老师子思那里逃学回家，孟母正在织布，看见孟子逃学，非常生气，拿起一把剪刀，就把织布机上的布匹割断了。孟子看了很惶恐，跪在地上请问原因。孟母责备他说："你读书就像我织布一样。织布要一线一线地连成一寸，再连成一尺，再连成一丈、一匹，织完后才是有用的东西。学问也必须靠日积月累，不分昼夜勤求而来。你如果偷懒，不好好读书，半途而废，就像这段被割断的布匹一样变成了没有用的东西。"

孟子听了母亲的教诲，深感惭愧。从此以后专心读书，发愤用功，身体力行、实践圣人的教诲，终于成为一代大儒，被后人称为"亚圣"。

一、家庭探索概述

1. 家庭的含义

家庭,是以婚姻和血缘关系为纽带的社会生活的组织形式。在中国,通常用小家庭专指父母子女构成的基本团体,用大家庭来指较广的亲属团体。父亲、母亲和子女构成了家庭,这是最基本、最稳定的三角。对一个家庭进行分析,通常涉及这个家庭的人员组成;人缘关系等也会涉及家庭的氛围情感维系等。前者就是这个家庭的家庭结构,后者则为家庭功能。

(1)家庭结构。家庭结构是指家庭中人员的构成,是家庭中人与人之间的关系的模式。社会学家费孝通先生以"有无夫妇所形成的核心,以及有多少个这样的核心"为标准,将中国的家庭结构分为四类:核心家庭、不完整的核心家庭、主干家庭和联合家庭,如图 3-1 所示:

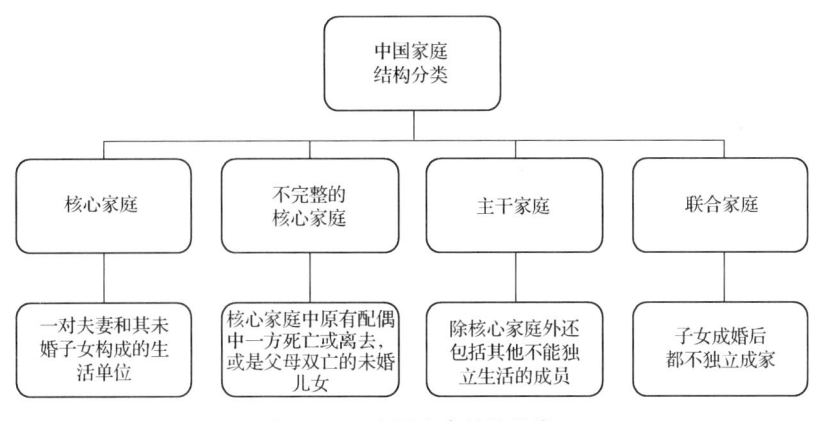

图 3-1 中国家庭结构分类

(2)家庭功能。家庭功能是家庭中成员的情感联系、家庭规则、家庭沟通及应对外部事件的有效性。功能良好的家庭,往往能够为它的成员提供一定的保证,即提供使其生理、心理、社会性等方面顺利健康发展的环境和条件。生长在这种家庭的个体,往往具有良好的社会适应性,比较容易完成职业探索与规划。

2. 家庭探索的含义

所谓家庭探索,就是对家庭(包括家庭结构和家庭功能)中影响自身职业发展的各个因素进行了解分析,以便借助支持因素、化解阻碍因素,为将来的职业之路铺垫基石。

家庭中对职业产生影响的因素有很多,从家庭的外显特点来看,有家庭经济水平、父母的职业、父母的教育水平、人际关系网络等;从家庭的内部关系来看,又包括父母对子女的职业期望、父母对工作—家庭冲突的调节、父母的教养方式、父母与子女的情感依恋等。

上述因素既可能给我们的职业发展提供帮助,比如良好的家庭经济水平、广泛的人际关系网络等;也可能形成阻力,比如父母对我们的职业期望和我们自身的职业理想相背离时,就可能会导致自己和父母意见不合,对职业发展产生阻碍作用。前者即家庭环境中的支持因素,后者为阻碍因素。在进行家庭探索时,既要找出支持因素,并充分利用,也要了解阻碍因素,加以化解。

家庭探索的意义在于:第一,分析家庭因素的影响作用以更好地认识自己;第二,综合权衡家庭各种因素为职业选择提供依据;第三,学会利用家庭支持因素,为职业发展提供助力。

3. 家庭探索的要求

首先,接受并感恩现有的家庭条件。人无法选择自己的出身,也许家庭条件并不理想,也许家人都是普通百姓,不能为你将来的职业提供任何物质或人脉上的帮助。那么请不要羡慕别人家庭的优越条件,怨恨自己的家庭,也不要因此沮丧颓废。个人的努力才是飞向成功的翅膀。此外,虽然父母没有权势和人脉,但是他们有几十年的生活阅历所得的珍贵经验、教训和他们身上良好的品格,遇到问题多与家人探讨,得到心理上的支持,这也是向家庭寻求支持的一种方式。其次,懂得付出,才有资格要求回报。从家庭中挖掘对自己有帮助的因素,并不是一味地寻求可利用的资源,那样就淡化了亲人的情感维系。其实,平实的情感付出才是探索的源泉,血脉亲情,重点在亲,如果在付出"亲"之前,先想到"利"字回报,那未免有悖职业发展回馈社会的目的。

二、家庭因素影响及应对

家庭探索,是要深入了解家庭中会对我们的职业之路产生影响的因素。比如家庭经济水平、人际关系网络、父母的教养方式……凡此种种,不胜枚举。故择其显要而列之,同时亦探讨合理运用家庭因素的方法。

此外,家庭探索不只是对家庭因素的客观分析,更重要的是结合自己家庭的实际情况,寻找应对策略,让我们的职业之路走得更加顺畅。

1. 家庭经济水平

家庭经济水平是个体职业发展的有力保障。通常认为,经济水平较高的家庭,提供的工具支持更丰富。所谓工具支持是指通过向某人提供支援、信息等帮助来达到支持的目的,比如在职业信息收集、职业方向引导等方面。而经济水平较低的家庭能够提供的工具支持通常较少,往往是以情感支持为主,大部分要依靠子女自己完成。

2. 家庭成员的职业

在职业探索的过程中,经常会出现这种情况,想要了解某个行业或职业的具体信息以帮助做出职业选择,但却常常苦于没有途径可以得到直观而有效的信息。想想看,你是否忽视了身边最宝贵的资源——你的父母和其他亲戚,对他们的观察以及对他们职业的了解,可以成为我们职业探索中的一个重要环节。

3. 家庭社会关系网

其实,在整个求职的过程中,还有一个很关键的因素对求职的结果起到了举足轻重的作用。这个因素就是我们的社会关系网,即我们常说的人脉。由于大学生尚未踏入社会,生活圈子与人际关系相对单一,所以自己的家庭成员及他们所拥有的社会关系,构成了我们关系网的重要部分。我们都知道关系有远近,感情有亲疏,在日常的人际交往中,有些人与我们朝夕相处,来往亲密,比如说与我们有血缘关系的父母、兄弟姐妹、亲戚等,这样的关系我们称为"强关系"。强关系是个人社会资本的重要组成部分,在求职过程中发挥着重要作用。这种强关系主要体现在以下几个方面:一是帮助搜集、筛选信息。二是协助推荐就业。三是支持资助创业。

4. 父母对子女的职业期望

对于我们将来所要从事的职业,父母心中会有一个符合他们价值观的期望,有时他们的期望与我们一致,这当然是双方都比较满意的理想状态。可有时候我们的职业选择会与父母的期望相悖,对双方来说,此时就不那么轻松惬意了。在这种情况下,有些人会与父母进行良好的沟通协调,最后达成一致,有些人可能就放弃了自己原本的选择,听从了父母的意见,从事了父母心中的理想职业,由此可见,父母的职业期望往往能最终影响我们事业选择的结果。

5. 其他因素

除了上述因素,在子女的成长过程中还存在很多因素,也许它们不是那么明显,却在潜移默化地影响着子女,对子女的职业发展产生不可估量的影响。比如父母的教养方式、父母的教育水平、父母的工作—家庭冲突的调解、父母与子女的情感依恋、家庭居住等也需要稍做了解。

(1) 父母的教养方式。不同的父母有不同的教养方式,这些教养方式造就了子女的性格,让他们在面对同样的问题时,采取不同的应对方式。父母的教养方式是子女成长的重要变量,按照父母的教养方式,可以将父母分为民主型、专制型、溺爱型和忽视型四种。

(2) 父母的受教育水平。父母的受教育水平,也是子女的职业抱负与职业探索的影响因素之一。受教育水平越高的父母,其子女的职业抱负越高,进行职业决策的独立性越高。

(3) 父母的工作—家庭冲突的调节。工作—家庭冲突是指当来自工作和家庭两方面压力在某些方面出现难以调和的矛盾时,产生的一种角色交互冲突。其实职业生涯的每一个阶段都存在着家庭与工作的冲突,这一冲突会影响子女将来的职业选择与发展。

(4) 父母与子女的情感依恋。依恋是指个体间亲密的、永久的情感连接。在家庭生活中,父母是子女接触最早也是了解最深的人,子女在婴儿时期就会对母亲产生依恋,把母亲视为安全堡垒,可以放心地进行探索活动,一旦遇到危险或困难时,就回身寻找母亲的安慰。依恋不只在婴儿时期,而是在人的一生中都起到重要的作用,曾有研究表明,不仅仅是儿童,处于人生各个年龄阶段的个体,只有他们坚信在他们的背后永远站着一些在任何时候都能够给他们信任和支持的人,这些人才能在发展的过程中,尽情发挥自己的天赋,挖掘自己的潜力。

(5) 家庭居住地。家庭居住地,这个因素可以从两个方面来分析:首先家庭来源可以细分为城镇和乡村。一般来说,城镇的父母观念比较开放,子女的自信心比较高,进行职业决策的独立性也比较高。其次,家庭居住地区也会影响将来职业选择。在选择职业时往往会遇到这样的问题,到底是留在家乡本地还是去别的地方发展?在通常的情况下处于经济较不发达地区的个体会向更发达的地区发展。

项目训练

评估个人的文化资本,你如何进行提升或者改变?

第三节　学校认知

案例导入

小张高考不太理想,被一所非重点学校的计算机专业录取,从小一直想经商的他并没有从此消沉下去。通过学校的资源,他努力学习自己专业的同时辅修了工商管理的课程,并积极参加学校组织的各项课外活动,尤其是一些创新创业大赛。毕业后,小张通过大学生创业扶持向当地政府申请了创业资金,终于开了一家属于自己的计算机网络公司。

小张的大学生活给了你什么启发?

许多学生在选择学校及专业时,并没有针对自身的情况以及学校和专业做一番全面细致的分析,或者是分析不准确,导致入校之后,发现就读专业与兴趣不合,希望调换,影响了学习。同时还有大学生对学校认识不够,学习动力不足、自我控制能力不强、时间管理能力差等,这些情况严重影响了大学生在校学习与生活,同时对未来踏入社会以及自身可持续发展非常不利。

学校是大学生生活的主要环境,大学生的思想行为等主要受到校园生活环境的影响,因此需要对学校资源进行充分的了解与认识。

一、学校资源对学习的影响

大学校园内蕴藏着许多有助于我们职业生涯发展及规划的资源。我们应该关注身边的这些资源,合理有效地"为己所用"。当然,高效地整合与利用它们的前提是充分地了解和挖掘。

高校是一个微缩的小社会,是人、事、物等要素协调运转的综合系统。因此,要探索大学校园,就必须先了解校园的基本概况,了解校园内扮演着不同角色的人,了解校园内承担不同职责的管理机构,等等。

1. 学习资源

专业知识的积累是大学生的重要任务之一,也是将来职业发展的重要基础。学习资源是指在大学学习过程中可以利用的一切显现的或潜隐的条件,包括信息、人员、资料、设备和技术等。主要包括教师资源、课程资源、专业实习资源和图书馆资源等。

2. 活动资源

除了通过专业学习完善知识结果、提升知识水平之外,大学生在大学的另一项重要任务就是通过参加各类活动,增加实践经验,锻炼实践能力,这也是进行职业生涯规划的重要内容之一。校园的各种活动资源归类起来,主要有社团组织、勤工助学、社会兼职、校园讲座、校园竞赛和创业活动等。

3. 专业资源

通过以前的学习,大学生对所学的专业有了深入的了解,在新的机会面前,需要进一步澄清,从专业方向、专业实力、毕业去向等方面来打量将要选择的专业。有部分学生毕业后将进一步深造,这就是一次新的选择机会,需要以更广的视角去探索相关的专业及学校,寻找适合自己的目标。

专业和学校都是进一步深造需要考虑的因素。学校实力不完全等同于专业实力,名校往往也有较弱的专业,而一般院校的某些专业也可能实力很强。如果同一专业在好学校的实力比另一所差一些的学校弱,选择学校时应首先考虑专业因素和学校的综合实力;其次还要关注学校所在城市的地理位置。此外,还要通过网络等途径了解学校往年的录取人数和变化趋势、专业课程内容等。

还有部分学生选择的是出国留学,需要探索的方面就更多了。一般出国留学要经过:参加出国留学考试、选择学校及专业、提出留学申请、与欲前往的学校取得联系、申请奖学金和助学金、申办护照、申请留学签证等,其中的核心还是选择学校与专业,因为学校和专业选择与未来职业的发展是密切相关的。

不管是校园资源,还是升学出路,都需要我们用心去探索,资源机会就在我们身边。

二、学校文化对个人成长的影响

学校的制度是各个学校在党的教育方针和政策指导下,经过发展而逐步建立和完善起来的,是学校内一切学习、工作和生活的依据和保障。这些规范性、约束性很强的制度,在实践过程中形成和具备了文化的特质。这种制度文化对大学生职业生涯规划具有独特的指导和规范作用。比如竞争择优的就业推荐制度,使大学生能从一年级起就重视自己的创新和开拓能力,培养当代大学生不甘落后的拼搏精神。还有高年级毕业实习和就业预备期结合的制度,使大学生能迅速融入实习单位的事业中,潜心钻研业务。总之,在校园制度文化的熏陶中,大学生能够更科学地选择自己的就业途径,更理性地去对待日益规范化、制度化的行业发展态势,从而也更全面而又合乎规律地去发展自我。

虽然在校园内的教学科研、生活后勤及环境等方面的种种设施都属于物质构件,但它在校园内包含着文化的内涵。因为它们都是由设计施工人员创造出来的,是他们精神世界对象化的物化,其中更蕴含着学校领导者和员工们的思想、感情等精神因素。比如,校园的实训基地中大量的是物的因素,但这些也会时时影响着学生的职业选择。学习汽车应用技术的,在接触大量的这方面材料后,熟能生巧,增加了对这些材料的了解和兴趣,甚至有某种程度的亲切感。学习建筑设计的,在不断绘制大量图纸的过程中,也会培养出职业爱好。特别是在现代的、流畅的校园建筑中学习、生活,更能激发出他们学好本专业、献身本行业的事业心和工作热情。这些看似无声的设施和材料,往往会外化成凝固的音乐组合,给人以扣人心弦的感觉。它们使学生更贴近现实、更热爱专业、更会去传承和发扬物质文化中的理性内涵。

在校园中,行为文化无处不在地对大学生产生影响,这种影响存在于学生参与学校活动的各个方面。如许多学生通过学生社团组织的专业技能比赛,能够直接或间接地参与和了解与今后职业活动密切相关的技能,并熟悉、汲取、交流、切磋这方面的基本操作流程,这必然会影响到他们今后进行职业生涯的规划。还有,校园的毕业实践工作,通常有着丰富而又比较可行的模式和行为规范,这也具有一定的影响力。除了校方的正常安排和引导外,历年来一批批毕业生在实习过程中形成的习惯、做法和影响往往会积淀下来,形成一种实习文化,自然地得以传承。而这种影响更实际、更有操作性,对毕业生的职业生涯设计有着不可低估的作用。同时,校园的行为文化处于不断丰富和创新的过程中,它会随着时代的发展,社会的需求,经济实体的提升,而逐渐新颖化、层次化、实在化。

校园文化建设对学生职业生涯起着不可低估的促进作用,而一批又一批大学生职业生涯的实践,使其充满着活力,并将进一步丰富校园文化建设的内涵,这两者会随着高校的健康发展而日趋紧密地融合起来。

三、学校教育对未来发展的影响

大学教育是按照专业门类培养学生适应职业需要的基本素质和能力的过程。这一过程是通过基础课、专业基础课、专业课等的教学活动和其他教育实施,使学生从某一专业的逻辑起点达到能够解决该专业一定问题的理论和技术修养水平,从而形成适应某类或某种职业需要的专业特长。也就是说,大学生所受的专业教育直接制约着其职业适应的范围。如果大学生所学的专业面较窄,其职业适应的范围就小;反之,职业适应的范围就相对宽广。因此,高校也在不断地根据社会职业的需要来设置专业或对业已形成的专业结构进行调整,扩大学生的就业范围,增强适应能力。近年来,针对毕业生知识面较窄、知识结构不合理、动手能力不强、组织管理能力不高等问题,高校努力通过改革教育模式和教学内容,来培养专才与通才相结合、文理交叉、工管相兼的复合型人才。为此,也相应地建立起一套行之有效的机制,如主辅修制、多证书制等,这些都为有效地扩大大学生的专业面,提高学生的综合素质创造了有利条件。同时,高校招生和毕业生就业制度改革的深入和学分制的实行,为满足学生专业学习和扩大其职业适应范围、促进大学生可持续发展等,提供了良好的平台。

拓展阅读

大学:互联网时代无法遮蔽的精神家园

中国高等教育的发展从来没有像今天一样既被寄予厚望,又需要面对八方质疑。一方面是国家发展的战略需求,相关指导文件和配套政策先后颁布与实施,一方面是舆论对新形势下高校管理和育人机制中存在的诟病进行口诛笔伐。最近,各大媒体纷纷转发《人民日报》2016年10月20日接连向中国高等教育抛出的问题,再一次激发了人们对中国高校的关注。其中,首先映入眼帘的问题是"网络可以解决传授知识和技能的问题,大学的存在还有什么价值?"在此,笔者想从大学作为一个物理空间这个视角,尝试回答这个问题,讨论互联网时代大学的存在价值。大学校园是一个见证学生身心成长的生命空间,具有网络世界无法替代的意义。

作为一个生命空间,大学首先在于它是时间的伴侣、记忆的载体,这与以瞬间性和平面化为特征的网络世界大不相同。对于学生个体来说,校园中的一草一木都是他们成长记忆的见证者,这里不仅有他们初入校门时的青涩和好奇,而且有他们青春呼啸而过留下的泪水与欢笑。对一个班集体而言,食堂、宿舍、教室和操场承载的是他们的集体记忆。无论什么时候回到校园聚会,他们都愿意到教室里坐坐,再叙他们意气风发的志向;都愿意围绕宿舍走走,回忆他们曾经一起观看过的偶像剧以及有过的摩擦;都愿意到操场上的草坪上躺躺,重温他们一起把学位帽抛向空中时的那份复杂情感。但是,大学校园的更大意义在于它作为文化记忆载体的存在。虽然不如北大的"一塔湖图"和清华园的"水木清华"闻名,各大高校都有铭刻它们校史和人文底蕴的建筑与风景,都有记录一代代人才奋斗足迹和汗水的档案室或博物馆。当年青学子走进校园时,他们感受到的是校训背后沉甸甸的历史重托。杰出校友的事迹和前辈学者的风骨陶冶他们的情操,熏染他们的心灵,塑造他们崇高的人格。

作为一个生命空间,大学校园的魅力其次在于它为学子的学习生活提供了在地性的情感体验。网络学习的优势在于它的泛在性,具有在场性与可重复性的特点。与之不同,置身校园的学习需要身体的亲临,每一次体验都是唯一的、不可复制的。许多学子都愿意选择远离家乡的大学,因为从家乡出发到校园的旅行本身就是身心叩问天地的生命体验,滋养宽容厚德和坚忍不拔的品格。即使是留在自己家乡读大学的同学大多会选择住宿校园,因为只有与同学一起感同身受,才能培养独立自强的精神,促进心智健康地成长。每年的寒暑往来使大学的学习具有仪式感,而一年一次的迎新送别是他们本真的情感体验。图书馆里手掌与书籍摩擦时的心理感受以及课堂上师生之间的互动交流都具有网络无法替代的体验价值,促使学生对大学的文化产生精神认同。

作为一个生命空间,大学校园的价值还在于它为学子成长提供了在与他人接触中不断超越自我的生命感受。大学存在价值受到怀疑的原因之一是因为现在互联网能够提供的学习资源远远超过任何一位学者的毕生所学,触屏可及的网络公开课超越了任何校园围墙的限制,学习者的思维以链接的形式纵横四海。但是,这一切都是以人机互动为主要形式完成的。虽然屏幕上能看到远在哈佛大学课堂上的教授,但这终究只是虚拟世界的影像,无论虚拟技术多么发达,都无法弥补现实生活中面对面时的热度。人与知识的关系是主客体之间获取与占有的关系,是技术理性生成的结果。这点与大学校园以人际交往形式完成知识传播的方式迥然不同。学生在参与社团活动过程中获得友谊和处理人际关系的能力,在观看粉笔划过黑板过程中感受知识的火花与师生思想碰撞的激情。知识的获得和能力的掌握是学生个体与其他行为主体进行间性交流的结果。法国哲学家列维纳斯提醒我们,当人与人面对面相遇时,将唤醒自我对他人所需要肩负的责任,他人的每一次言说都是对自我固有认知框架的中断。校园中,师生之间的会面不只是为了完成知识的移植,而是充盈着教师呵护学生身心健康成长的伦理冲动,并通过学生的成长反观自己需要完善的不足。学生面对一个个充满人格魅力的学者时,感受到的是知识的光晕和智慧的华彩,使精神境界一次次地得到升华与提升。在大学校园中,学生的学习生活是理性、审美和道德浑然一体的生命体验。

早在1917年,蔡元培就任北大校长发表演说时,把大学视为研究高深学问、砥砺德行、培养学生对师友敬爱之情的场所。大学教给学生的不仅是知识和技能,而且还有人生的智慧、积极的价值诉求与责任担当的勇气。如今的大学校园是各种技术手段的研发地和试验场,网络作为教学辅助手段,信号覆盖校园的每个角落。尽管如此,它仍然是互联网时代无法遮蔽的精神家园。未来也将如此!

(作者朱荣华,江苏师范大学外国语学院校聘教授)

项目训练

组织并参与"我和我的学校"演讲活动。

第四节　社会认知

案例导入

比尔·盖茨中学毕业后,他以1 590分(总分1 600)的优异成绩考入哈佛大学,学习法律专业。但他经常逃课钻研计算机,编写软件赚钱,并小有名气。大学三年级时,为了抓住计算机发展的历史机遇，他选择从哈佛退学，并和自己的好朋友保罗·艾伦一起创办电脑公司。比尔·盖茨平淡地和父母沟通了自己的想法，最终老盖茨夫妇同意了，并要求"如果创业失败，再回来继续完成学业，拿到学位"。没想到比尔·盖茨退学创办的微软公司竟然改变了整个世界，今天几乎每台电脑上都装有微软公司的操作系统软件，他也因此连续13年成为世界首富，2013年他的财富是670亿美元。他深信在巨富中死去是可耻的，并已经把自己的全部财富捐到比尔和梅林达·盖茨基金会做慈善事业。现在他已成为世界上最大的慈善家，受到全世界人们的尊敬。在计算机将成为每个家庭、每个办公室中最重要的工具这样信念的引导下，他们开始为个人计算机开发软件。盖茨的远见卓识以及他对个人计算机的先见之明成为微软和软件产业成功的关键。

社会认知，主要是指对他人表情的认知、对他人性格的认知、对人与人关系的认知、对人的行为原因的认知。社会认知是个人对他人的心理状态、行为动机、意向等做出推测与判断的过程。社会认知的过程既是根据认知者的过去经验及对有关线索的分析而进行的，又必须通过认知者的思维活动（包括某种程度上的信息加工、推理、分类和归纳）来进行。社会认知是个体行为的基础，个体的社会行为是社会认知过程中做出各种判断的结果。

一、社会环境

（一）政治环境

政治环境一方面是指制度性环境，如政治体制，政党制度，党和国家的路线、方针和政策；另一方面是指现实性环境，如国内外政治局势、国际关系。政治体制、政党制度体现一个国家的国体、政体，体现政权的性质、服务对象和国家权力的归属；党和国家的路线、方针和政策体现的是治理国家、为民众服务的具体指导思想和实施措施。政治环境对国家的经济建设和社会事业建设有着举足轻重的作用，不仅影响经济的发展，也会影响到公民的价值追求和社会的稳定，对个人的职业生涯起到重要作用。

当前及今后相当长的一段时间内，我国国内政治环境稳定，中国共产党带领全国各族人民坚持中国特色社会主义道路，坚持改革开放，为实现中华民族的伟大复兴的中国梦而奋斗，这是顺应历史发展规律的时代潮流，党和国家所制定的路线、方针和政策正是从这个出发点展开的。如，为了保障就业，提高大学生的就业率，党和国家一方面出台了一系列的政策，确立了与社会主义市场经济体制相适应的高校毕业生就业制度，确立了中央和地方二级管理、以地方管理为主的制度，确立了毕业生就业框架体系和毕业生就业指导的服务制度；另一方面，制定了保障就业的相关法律，如《劳动法》《劳动合同法》《教育法》《就业促进法》等，各省市区还在国家的法律框架内制定了促进本地区就业的相关法规和文件。

此外,国际政治局势和国家关系对个人的生涯规划也是十分重要的。当前,虽然在中东、北非、东北亚等地区和国家存在着不稳定的因素,但是世界各国总体局势是平稳的,世界的总体发展趋势仍是朝向和平的方向发展,发展经济、造福国民是绝大多数国家的追求目标。随着中国经济的增长,中国的许多企业已经走出国门,走向世界,它们中的大多数既为祖国也为所在国创造了财富。虽然我国企业在走向海外的进程中面临着许多的贸易壁垒、摩擦、碰撞不断,但这是我国企业走向国际舞台的必然现象。在中国和周边国家的关系中,中国的经济发展已经为周边国家发展经济带来了有利条件,它们和中国已经形成了相互促进、相互影响、相互依赖的经济关系。

(二) 社会环境

社会环境主要包括社会结构变化、人口因素、社会阶层因素、法制环境等方面。

1. 社会结构变化

随着社会的发展,传统的计划经济模式已经发展成市场经济模式,随之而来的是社会结构的变化,我国社会的人口结构、分层结构、规范结构等也发生了根本的变化;人的价值观念、需要层次等也在发生着根本的变化,甚至社会风俗等都发生了变化。这些变化都将对个人的职业生涯发展产生深刻的影响。如,计划经济时代,大学毕业生不需要考虑未来的职业问题,一切都是组织安排,个人主观上对经济收入没有任何话语权,一切都是按规定执行。但是市场经济时代,如果自己对未来的就业问题不关心,毕业后就有可能失业。

2. 人口因素

人口因素主要包括人口规模、人口素质、性别和年龄结构。就人口规模而言,社会总人口的数量和劳动力数量紧密相关,影响着经济的结构、规模和经济的可持续发展能力,人口数量多意味着择业的竞争更激烈,就业机会相对少,反之亦然。就人口素质而言,人口平均受教育的程度高,则经济发展的劳动力素质好,产品的科技含量高,对求职的人则要求也高,经济发展的后劲足。就性别结构而言,男女劳动者在职业期望值、生活方式、社会活动等方面有一定的差别,部分行业和职业对男女的性别往往有一些特殊的要求。就年龄结构而言,人口的年龄结构呈均匀分布无疑是理想的年龄结构分布,人口的年龄结构呈金字塔形或倒金字塔型无疑都会给经济社会发展带来重大的挑战。根据全国人口普查的数据,我国老龄化速度快,人口红利时代一去不返,这样的人口结构也将增加未来劳动者职业选择的难度。

3. 社会阶层因素

社会阶层是指由于经济、政治、教育、社会、文化等多种原因而形成的,在社会的层次结构中处于不同地位的社会群体。不同的社会学学者将社会阶层分为四类、五类、十类等类型。由于社会阶层是经济、政治、教育、社会等因素造成的,同一社会阶层的人往往具有类似的行为特征,共同的价值观念也比其他阶层的人多;不同社会阶层的人拥有的社会资源、人脉关系、社会影响和职业社会评价不一样。社会阶层中处于中上阶层的家庭成员获得的就业机会更多、就业质量更高、更容易获得发展;社会阶层中处于中下层的家庭成员的就业机会更少、就业质量不高、发展难度大。在生涯规划中阶层因素是每一名大学生不得不考虑的因素。一个正常的社会,阶层之间是流动的,处于社会上层的人如果不努力、不思进取,则会向社会下层流动;社会下层的人通过自己的努力拼搏会向社会上层流动。但是今天,我国社会阶层呈固化趋势,引起这个现象的原因是多方面的,如户籍制度因素、家庭背景因素、行业垄断因素等,这个现象在生涯规划的环境考察过程中必须引起重视。当然,阶层固化现象的化解有待我国社会的深化改革,从长远来看,这样的现象是不会长期存在的。

4. 法制环境

法制环境主要包含两层含义:一方面是国家制定的以促进经济健康发展为重要内容的法律是否健全。改革开放以来,我国已经制定了《公司法》《中外合资经营企业法》《合同法》《专利法》《商标法》《税法》《企业破产法》等,法律制度较为健全。另一方面是全社会执行法律法规的社会氛围。这主要是指公民、法人、政府部门和司法机关能否依法办事,充分体现法律的公平、公正,在全社会形成相信法律、依靠法律、依法办事的社会风气。

(三) 经济环境

经济环境对个人的职业生涯规划具有重要影响,主要包括经济体制、经济政策、经济结构和经济发展水平等内容。

1. 经济体制

经济体制主要依据社会制度来制定,指在一定区域内(通常为一个国家)制定并执行经济决策的各种机制的总和。经济体制通常指国家经济组织的形式,它规定了国家与企业、企业与企业、企业与各经济部门之间的关系,并通过一定的管理手段和方法来调控或影响社会经济流动的范围、内容和方式等。

2. 经济政策

经济政策是指国家或政党为实现一定的政治和经济任务,或为指导和调节经济活动,所规定的在经济生活中的行动准则和措施,主要包括财政政策、税收政策、货币政策和贸易政策等。经济政策是一定的经济基础和社会生产力的反映,能促进或阻碍社会经济的发展。国家或政党制定的经济政策主要有:制定经济和社会发展战略、方针,制定产业政策,以控制社会总供给和总需求的平衡,规划和调整产业布局。

3. 经济结构

经济结构指国民经济的组成和构造,主要包括产业结构(如第一、二、三产业的构成,农业、轻工业、重工业的构成等)、分配结构(如积累与消费的比例及其内部的结构等)、交换结构(如价格结构、进出口结构等)、消费结构、技术结构、劳动力结构等。

4. 经济发展水平

经济发展水平是指一个国家经济发展的规模、速度和所达到的水准。反映一个国家经济发展水平的常用指标有国民生产总值、国民收入、人均国民收入、经济发展速度、经济增长速度等。

(四) 文化环境

文化环境是指公民的整体受教育水平、价值观念、道德规范、宗教信仰、风俗习惯及被社会所认可的各种行为规范。文化环境对职业的发展影响巨大，如我国历史上出现的徽商文化、晋商文化等对当时许多商人的成长和发展产生了重要的影响。对大学生而言，影响职业生涯的文化环境主要包括企业文化、地域文化、民俗文化等。

1. 企业文化

企业文化也称组织文化，是一个组织由其价值观、信念、仪式、符号、处事方式等组成的且为其特有的文化形象。企业文化对外展示的是企业形象、企业精神、企业责任和企业道德，对内则起到激励员工、凝聚员工、帮助员工成长和发展的作用。切合求职者需求的企业文化能吸引求职者积极加盟，共创辉煌；不切合求职者的企业文化或不良的企业文化往往使求职者敬而远之。

2. 地域文化

地域文化是指文化在一定的地域环境中与环境相融合，打上了地域的烙印的一种独特的文化。地域文化包括方言文化、饮食文化、建筑文化、信仰文化等。参照的标准不同，文化的范围也不一样，如从全球角度，有中华文化、阿拉伯文化、欧洲文化等；从中国的角度，有吴文化、客家文化、湖湘文化等。了解地域文化，对职业规划也具有重要的作用。

3. 民俗文化

民俗文化指一个国家、民族、地区中的民众所创造、共享、传承的风俗生活习惯，是在普通人民群众（相对于官方）的生产生活过程中所形成的一系列物质、精神的文化现象。它具有普遍性、传承性和变异性，对民众的生产、生活具有一定的制约与规范作用。

二、社会环境分析

所谓社会环境分析，就是对我们所处的社会政治环境、经济环境、法制环境、科技环境、文化环境等宏观因素的分析。社会环境对我们职业生涯乃至人生发展都有重大影响。通过对社会大环境包括国际、国内与所在地区三个层次的分析，来了解和认清国际、国内和自己所在地区的政治、经济、科技、文化、法制建设、政策要求及发展方向，以更好地寻求各种发展机会。

1. 社会现状环境分析

我们将所选职业放到社会环境中分析，才能坚定职业方向和职业目标。通过对社会大环境的分析，了解所在国家或地区的政治、经济、法制建设发展方向，以寻找各种发展机会。

中国现在正处于近两百年以来最好的历史时期。虽然社会上还有许多没有解决的矛盾,但是政治上比较稳定,法制化进程已经开始,市场经济已经初步形成并步入正轨。21世纪的中华大地充满各种人才成长发展的机遇。

但是我们也要看到,人才的竞争日趋激烈,大学生就业难、失业率居高不下等问题,都使就业环境看起来不容乐观,这就更需要在分析社会现状的基础上,有针对性地做好自己的职业生涯规划。

2. 职业环境分析

国家经济的发展和科技的进步会使得社会职业结构产生相应的变化,新的职业会出现,还有一些职业会衰退,或是有些职业虽然存在,但其相关属性或内涵已经发生了变化。对一种职业是否有深刻的认识将关系到我们能否长期坚定职业方向,能否建立明确的职业目标。如果你希望抓住机遇,建立明确的职业目标,有效降低机会成本和选择的风险,那么进行职业环境分析是必不可少的重要一环。

职业环境分析是我们需要认清所选定的职业在社会环境中的发展过程和目前所处的社会地位,以及社会发展趋势对此职业的影响。包括职业的发展趋势及职业内涵中的五个因素(社会分工、专门知识技能、创造财富方式、报酬水平和满足需求的程度)发展变化的趋势。

是否能预测一种职业的发展趋势,是否能预测职业内涵的演化,对一种职业是否有深刻的认识将关系到我们能否在把握社会环境变化的基础上,为自己人生的发展找到或创造适宜的职业平台,有效地规划职业生涯。

社会发展趋势对于目前所从事的职业有何影响和需求?如何让自己在选择的职业中保持核心竞争力?可能的风险有哪些?这个职业是不是社会越来越需求的职业?在此行业里,企业是否具有竞争力和发展?我们可以通过有效的职业环境分析得到启示或答案。

项目训练

对个人所在社区进行调查,撰写调查报告。

阅读与鉴赏

阅读:《追寻生命的意义》,维克多·E.弗兰克尔(奥地利)。
鉴赏:《天使爱美丽》。

思维拓展

勾画你的梦想与现实之间的桥梁。

行动与任务一

结合自身实际进行外界探索。

行动与任务二

二维码内含微课、学习任务、经典案例和拓展阅读,快来扫一扫!

外界探索

大学生职业生涯发展规划

主编 肖尚军 张 丹

第4章

职业生涯决策

学习手册

南京大学出版社

第4章
职业生涯决策

引导语

职业生涯决策是生涯规划中最重要的环节,科学的决策会让你对自己有更多的了解。有了对自我的了解和对工作、社会等外部环境的探索,每一位大学生都需要综合这两方面的信息,对自己的未来做进一步的思考,确定好大致的发展方向,设定好一定的职业目标。

听音频

生涯决策

"我们的决定,决定了我们。"无论如何,我们终究要做出自己的决定。在做出决定之前,尽可能多地收集信息;在做出决定之时,运用理智、科学的方法;在做出决定之后,不断地探索调整。这样,无论何时,我们都能做到"任它狂风暴雨,我自云淡风轻"。这就是职业生涯规划中生涯决策的意义:让我们好好看路,选择好路。

其实,我们每天都在做决策。决策是一件不容易的事情,但它又是一件无法回避的事情。小到为几点起床、几点睡觉、每餐吃什么等做决策,大到为一段时间内要完成某一目标、未来要有怎样的工作和生活等做决策。通常来说,一个决定对我们越重要,我们的决策就越困难。职业生涯决策就是人生路上不可回避的重要决策。

> 先事虑事,先患虑患。先事虑事谓之接,接则事犹成。先患虑患谓之豫,豫则祸不生。事至而后虑者谓之困,困则祸不可御。
>
> ——《荀子·大略》

所谓决策就是为了达到一定目标,利用已知信息进行方案或方法确定的过程。生涯决策就是个人在多项选择之间权衡利弊,以达成最大价值的历程。生涯决策贯穿职业生涯发展的始终,无论是选择职业生涯的方向和起点,还是职业生涯路径的选择与确定,甚至是职业生涯发展过程中遇到的每一个工作情境。

对于大多数现代人而言,人生的成功取决于职业生涯的成功。职业生涯由谁主宰?职业生涯的成功由什么决定?美国学者达姆洛斯关于成功的公式,或许能给我们一些启示,即成功=$[(EE+CT+SP)\times DD]^b$。

其中,EE 指教育和工作经验;CT 指创造性思考;SP 指推销自我的能力;DD 指目标和驱动力;幂 b 指个人成功的机遇。在这个公式里有一个决不可为零的因素:DD(目标和驱动力)。也就是说,如果一个人没有目标,或者即使有目标但没有驱动力,他就永无成功的可能。因此,寻找职业目标就成为职业生涯规划的首要任务。

客观地说,人们的职业生涯是一个充满了变化的历程,我们回顾一下达姆洛斯成功公式会发现,它的幂 b 指的是成功的机遇,正是这个"机遇"使得处于同一起跑线的两个人可能会出现迥然不同的结果。在职业生涯的周期,不同的时期,随着主客观因素,或者说内、外职业生涯因素的变化,人们的职业目标会做相应的调整。那是不是说,一个清晰的职业目标是不可能,也是没有必要的?就像有些人常说的"计划赶不上变化"?

其实不然,人们之所以出现这样的疑问,主要是混淆了总体目标和阶段目标的关系。总体目标(或称终极目标、人生目标)一旦确定之后是不宜轻易发生变更的,但阶段目标却可以根据具体情况进行调整,而且阶段目标是必须为总体目标服务的。

选择职业目标,首先要进行职业方向的选择。

第一节　职业决策概述

存在主义大师萨特(Sartre)说过:"我们的决定,决定了我们";另一个类似的说法是:"一个人是其所有决定的综合",这说明个体因为自己的决定,而决定了自己的一切,包括随着决定而来的荣辱苦乐;也因为自己的决定,不仅能感觉到自己的存在,体验到存在的价值,同时构筑了自我的状态。

对于大学生而言,大到就业、升学、创业的选择,小到选择哪个单位、哪个岗位就业,都是我们选择的结果。可以确定的是,一旦做出了选择,就会走向不同的人生道路,带来不同的生活状态。可见,对于我们大多数人来说,职业决策是非常重要的人生抉择之一。

一、职业决策的含义

1. 职业决策的概念

职业决策的概念有广义、狭义之分:

广义的职业决策,指为确定职业所进行的提出问题、搜集资料、确定目标、拟订方案、分析评价、最后选定、检查督导等一系列认知活动。用生物学的概念比喻就是不断地同化和顺应,不断地接收来自外部的信息,并与自身的信息加以整合,内化为自身的一部分,再以执行选择的形式投诸外部世界,进行新一轮的纳新、整合。具体过程是:提出问题—搜集资料—确定目标—拟订方案—分析评价—最后选定—检查监督。

狭义的职业决策,是把决策理解为广义决策过程中的一个环节,即从几个备选职业方案中选择一个"确定"环节,通俗地讲就是"拍板"。具体讲,是指为达到一定目标,从两个以上的可行方案中选择一个合理方案的分析判断过程,是决策者在经过各种考虑和比较之后,对应当做什么和应当怎么做所做的决定。

可见,狭义的职业决策由三部分组成:一是明确目标;二是确定可选方案;三是挑选最终方案。即便是最微不足道的决策也依从这个模式。对于大学生而言,职业决策的核心在于根据自身特点和社会需要做出合理的职业方向选择,即进行职业定位的过程。这个方向确定的过程包括我们前面所说的职涯起点、职涯路径的选择与确定。看似一个点的选择,其实涉及对于自我的了解、对于职业世界的认识和体验,因此职业决策的过程是一个整合的过程。本章所讨论的职业决策,是指在了解自我和外界之后,从几个方案中确定一个环节,是狭义的职业决策过程。

2. 职业决策的难为

案例导入

14世纪法国哲学家布利丹曾经讲过一个哲学故事:一头毛驴站在两堆数量、质量和与它距离完全相等的干草之间。它虽然享有充分的选择自由,但由于两堆干草价值绝对相等,客观上无法分辨优劣,也就无法分清究竟选择哪一堆好。于是它始终站在原地不能举步,结果活活饿死。

布利丹毛驴的困惑和悲剧也常折磨着人类,特别是一些缺乏社会阅历的初涉世者。有些人在眼花缭乱的各种干扰面前不知所措,左右为难,在不停地选择中失去了机会。世界上没有绝对美好的事物,太理想的选择是没有的。面对选择时,一定要抓住时机。

职业决策是一种重大决策,它影响到我们的人际交往、生活方式、生活质量等。在决策面前,我们会感到焦虑,焦虑的来源很多,其中大部分来源于"不确定"与"不舍"。

做出决策让人产生焦虑的根源之一,是对选择的不确定感。职业决策大部分是基于信息不对称情况下的决策,即我们不可能收集关于外界"全部的信息"后再做决定,因此大多数决策都有预测的成分,都有不确定性和风险。以往社会变迁缓慢,预测的误差小,而当今社会瞬息万变,对于未来诸多变量往往难以把握。行业趋势会变、职业种类会变、工作环境会变、领导同事关系会变,在变化中,我们不确定所选择的一定比所放弃的要好,担心自己会犯错、会后悔。

做出决策让人产生焦虑的根源之二,是对选择项目的难舍。在选择面前患得患失,担心放弃的那个选择会给自己带来更多好处。如果同时为几个选择感到焦虑、难舍,则这几个选择可能没有明显的高下优劣之分,因此可以稍稍放宽患得患失的情绪。那么,什么样的决策是最佳决策?幸福经济学认为,能让幸福或快乐最大化的决策就是最佳决策。可见很多时候,职业决策的好坏是凭借内心的评判。如果能在决策时仔细梳理自己究竟需要什么,考量这些因素的"轻重"与所选择方案可以满足这些因素的"几率",则"难舍"又会向"能舍"更进一步。

做出决策让人产生焦虑的根源之三,是对决策结果的责任。自主决策,意味着要对决策的结果负责。很多人为了回避承担"不好的结果"的责任,而把决策的权利交给"上天"或他人。殊不知,人在逃避责任的同时,也逃离了自由,失去了感受学习、生活、成长的自由。正如有人说的:"不得不在各种不同的行动方案之间选择,是为自由而付出的代价。"因此,自由的人们"注定"要做出选择。

二、职业决策风格类型

案例导入

第一次要面对人生抉择是中五毕业那年,左手拿着无线艺员训练班的报名表格,右手拿着应届高等教育课程的报名表,顿时觉得自己的前途都掌握在自己手中。要继续学业吗?还是去读艺员训练班?再念两年中学毕业后又何去何从?再念大学吗?然后学士、硕士、博士这样一路念下去?还是选修艺员训练班有一技之长,将来无论条件符合台前还是幕后,总算有门专业知识傍身。

一连串的问题此起彼落地在我心中响起,魔鬼天使各据一方,展开辩论大会。反反复复地考虑,我把自己的优点和缺点逐一写在一张纸上,自己替自己理智地分析利弊;这样念书一直念下去适合我的性格吗?我喜欢艺术工作吗?我可以吃苦头吗?我喜欢什么样的人生?平稳安定?还是多姿多彩,充满挑战?

直到那一天才明白,人才是自己生命最大的主宰,向左还是向右走都是自己决定的路。我的心做了我的指南针,只有它才最明白我要的方向,也是它教我最后选择了左手的那张报名表格。

我把这个决定告诉父亲,他听后皱了皱眉头,问:"你肯定了?"我用力点头。父亲沉默了一会,最终也点下头。在那一刻,我有种如释重负的感觉。

——摘自 刘德华《我是这样长大的》

决策风格对决策效果具有重大的影响,主要表现为:不同决策风格的人对决策制订的方式与步骤有不同的偏好；不同决策风格的人对行动的迫切性有不同的反应；不同决策风格的人对待风险的态度与处理办法互有差异。这里介绍两位学者的决策风格分类。

1. 丁克里奇的决策风格类型

丁克里奇(Dinklage,1966)提出，人们通常采用下面几种决策模式：

(1) 痛苦挣扎型(agonizing style)：有些人会花很多时间和精力来收集信息，确认有哪些选择，向专家询问，反复比较，却迟迟难以做出决定。他们常爱说的一句话"我就是拿不定主意"。出现这种情况的时候，收集再多的信息进行分析比较也无济于事。需要弄清的是他们被一些什么样的情绪和非理性信念困住了，比如害怕自己做出错误的决定、追求完美等。

(2) 冲动型(impulsive style)：与"痛苦挣扎型"相反，有的人遇到第一个选择就紧紧抓住不放，不再考虑其他的选择或进一步收集信息。他们的想法是："先决定，以后再考虑。"比如，先找到一份工作做了再说。冲动的决策方式可能是出于对困难的回避，不愿意花时间精力去探索。这种方式的危险在于风险太大，等看到有更好的选择时自然追悔莫及。

(3) 直觉型(intuitive style)：有一些人将自己的直觉感受作为决定的基础。他们通常说不出什么理由，一味表示："就是觉得这个好。"人们在择友的时候常常采用这种决策方式。直觉在人们对环境情况无法获得充分信息的时候会比较有效，但它有可能不符合事实，有时候我们的判断可能会因为自身先入为主的偏见而产生较大的误差。因此，我们不能仅仅将直觉作为决策的依据。

(4) 拖延型(delaying style)：这些人习惯将对问题的思考和行动都往后推迟，"过两天再考虑"是他们的口头禅。大学生常见的"我还没有准备好工作，所以打算先考研"，就是这种方式的体现。拖延型的人心中暗暗抱有这样的希望：也许事情过几天就自动解决了。然而，问题并不会自动解决，有时候甚至会越托越严重。如果你现在不知道该怎么找工作，那么读完研究生也未必就能知道。

(5) 宿命型(fatalistic style)：有些人不能自己承担责任，而将命运委诸外部形式的变化。他们会说"该怎么地就怎么地吧"，或"我这个人永远不会走运"之类的话。当一个人将自己生活的主导权交给外界环境的时候，可以预见，这个人是很容易觉得无力和无助的。这样的人容易成为环境的"受害者"，怨天尤人，却没想到自己的环境正是由于放弃了个人对生命的"主权"而造成的。

(6) 顺从型(compliant style)：这样的人倾向于顺从别人的计划而不是独立地做出决定。他们常说："只要他们都觉得好，我就觉得好。"比如，很多大学生一窝蜂似的争取出国、进外企、考研、参加各种培训班，只因为"大家都这样做"。从众的人固然在追随群体的过程中获得了一种虚拟的安全感，但却忽略了自身的独特性，造成他们的选择在很大程度上并不适合自己。他们在不费心思的同时，也牺牲了对生命可能有的满足感。

（7）瘫痪型（paralytic style）：有时候，个体可能在理性上接受了应当自己做决定的观念，却无法开始决策过程。他们知道自己应该开始了，可能内心深处总是笼罩着"一想到就害怕"的阴影。事实上，他们无法真正为决策过程和决策的后果承担责任，而这种害怕承担责任的心理可能又源于家庭在其成长过程中长期不当的教育方式。

此外，还有计划型。确认所有的选择：不在没做探索之前就匆忙决定，这样会将自己的选择面限制得很窄。

根据你对"自己"和"环境"认知的多少，还可以将上述几种决策类型做如下划分，见表4-1：

表4-1 决策类型划分

		自己	
		未知	已知
环境	未知	困惑和麻木性决策 痛苦挣扎型、拖延型、瘫痪型	直觉性决策 冲动型、直觉型
	已知	依赖性决策 顺从型、宿命型	信息性决策 计划型

2. 哈伦的决策风格类型

哈伦（Harren，1979）把大部分人的职业决定方式归纳为三种类型：

（1）理智型（rational style）。这种类型崇尚逻辑分析，往往在系统收集足够的自我和环境信息基础上，权衡各个选项的利弊得失，深思熟虑、按部就班地做出最佳的决定。他们能够意识到行为的相应后果，愿意承担决策的责任。

（2）直觉型（intuitive style）。这种类型是以自己在特定的情景中的感受或者情绪反应，直接做出决定。这种风格的人做决定全凭感觉，比较冲动，很少能系统地收集相关信息。他们能为自己做出的抉择负责，但缺乏对将来的预期，不够积极，逻辑性不强。

（3）依赖型（dependent style）。这种类型的人不能主动承担决策的责任，常常等待或者依赖他人为自己收集信息且做决定，比较被动和顺从，做选择时十分注重他人的意见和期望。他们以社会赞许、社会评价和社会规范作为做决定的标准，口头禅多是"爸妈叫我去的……""他们认为我可以，可是……""我的男朋友（女朋友）希望……"

这三种决策风格类型各有利弊。依赖型最省时、省力，且父母长辈的意见有时确实是宝贵的经验，但不见得是最有效、最适合的策略；直觉型的决定是自发性的，在时间紧迫的情况下非常有用，缺点是容易受到主观意见的影响；理智型的决定包含探索个人与环境的需求,优点是针对不同选项分析利弊得失,得出的结果较为合理,但要考虑时间因素,需要在前期资料的收集上花费很多工夫,有错失良机的可能。当然,如果我们有充分的时间和精力,那么选择理智型的方式进行决策是最好的。

项目训练

请你回顾自己过去重要的生涯决策过程,判断你自己的决策风格。

第二节 职业决策理论

案例导入

在《职业发展和服务:认知方法》一书中,美国心理学家彼得森(Peterson,1991)及其同事将认知信息加工研究用于职业发展理论。在决策技巧领域,彼得森等(1996)将个体加工自我的职业信息能力看作一般信息加工技巧,包括沟通(Communication)—分析(Analysis)—综合(Synthesis)—评估(Valuing)—执行(Execution)五个步骤,即CASVE循环。

(1)沟通(确认需求):个人开始意识到问题的存在,开始通过交流接触各种内部和外部信息。

(2)分析(将问题的各组成部分相互联系起来):首先,检查自我知识和职业知识领域,这时个体会注意到问题产生的原因并对问题做出反省;其次,检查价值观、兴趣、技巧和家庭状况;再次,了解新的职业信息,重新检查旧信息。

(3)综合(形成选项):个体接受信息并通过提炼或确认已经分析过的信息,对信息进行综合,形成选项。

(4)评估(评估选项):当潜在选项被确定或缩小范围时,个体评估与评价可能的行动或职业方向的过程,会按照第一选择、第二选择的先后顺序来评估职业或其他选择。

(5)执行(策略的实施):通过采取小的或中等步骤进行,一旦选择被评估或处于评估中,个体将形成一个计划或策略来实施选择。

CASVE过程到此并没有结束,个体可能采取行动或执行某个特定选择。在按照计划执行的过程中,个体也可能遇到问题,产生预想不到的结果。那么,个体将重新回到循环的起始阶段——沟通,检查其探索性的经验,开始新的循环过程。

1909年，美国波士顿大学的帕森斯教授在其所著的《选择一个职业》一书中提出了"职业—人匹配"理论。该理论的内涵就是在清楚认识、了解个人的主观条件和社会职业岗位需求的基础上，将主客观条件与社会职业岗位相对照、相匹配，最后选择一种职业需求与个人特长匹配相当的职业。

"职业—人匹配"理论被认为是职业选择的经典原则，它具有较强的可操作性，对职业生涯管理、职业心理学的发展具有重要指导意义。但是，该理论试图找到个体特征与职业要求间的一一对应关系，没有充分考虑个体特征和工作要求中的可变因素，也忽视了社会因素对职业规划的影响和制约作用。后来，人们开始综合考虑心理、社会、经济等因素，更加关注职业生涯决策的整个过程。

一、信息处理取向的决策模式

1. 描述型模式

描述型模式由泰德曼和奥哈拉提出。其基本内容是，职业生涯决策是一个完整的过程，由一系列不断递进的阶段组成。第一阶段是参与阶段。完成探索，进行抉择、就业等工作，即了解和搜集信息，确定几种可选择方案，并选择其中一种，再进一步给予检验。第二阶段是履行所做的选择。努力完成工作任务并希望得到发展，然后再在这一过程中取得个人选择和职业环境要求之间的平衡。

泰德曼和奥哈拉认为，发展的历程事实上就是个人所做的一连串抉择的综合。他们认为，职业选择过程中有预期与实践两大时期，其中预期时期需借助丰富多样的探索活动来了解自己的兴趣、能力及职业世界，并逐步建立一种个人工作平衡统整的状态。就大学生而言，其择业也应该经历这两个时期，先做一番探索，再进入实践阶段。

2. 希尔顿的职业决策过程模式

希尔顿对职业选择中个人决策的研究参照了认知不协调论（个人的思想、态度、行为等认知因素之间出现不一致而产生心理上的紧张，会导致对行为的压力）的职业决策过程模式。

决策的过程，首先是从"前提"（即自己以及自己对职业的信念和期待等）和"环境"（即工资待遇、工作内容、劳动条件等）开始，但一开始两者之间就可能发生不协调。希尔顿的个人意志决策过程是朝着减少不协调的方向设计的。例如，一开始根据两者不协调的强弱程度可分两种流向：在强度高的情况下立即回避前进，退至原来的"前提"，重新调整自己；在强度不太高的情况下，重新推敲"前提"或制造新的"前提"，然后依次继续决策。但是，希尔顿的职业决策过程模式必须在条件和选择对象充足的场合才有可能实现。

3. 伽列特的连续决策过程模式

该理论强调，决策是一连串的决定，任何一个决定都会影响其后的决定，亦会受先前决定的影响。因此,决策是一个发现的过程而非单一的事件。伽列特提出一个诊断模型,运用科学方法进行职业生涯决策。在强调主体价值观可能的重要性的同时,以理性的方法进行决策,经过循环往复,以一定的标准计算出各方案的收益和投入成本之比,值最大即最优方案。伽列特的决策模式特别强调资料的重要性,他将资料组成以下三个系统:

(1) 预测系统。预测不同选择的行动可能会有的结果,以及由行动到结果的概率。例如,根据职业世界与心理测验等方面的客观事实资料,对未来工作(或升学)的成功概率做预测。

(2) 价值系统。依据内在价值体系、态度等,判断不同结果之间的相对偏好。

(3) 决策系统。评量判断的法则通常包括:职业策略——选择最需要、最希望得到的结果;安全策略——选择最可能成功、最保险、最安全的途径;逃避策略——避免选择最差的、有坏结果的方法;综合策略——选择最需要而又最可能成功、不会产生坏结果的方案。

4. 彼得森描述诊断混合模型

综合以上模型特征,该模型指出谨慎的决策具有七方面的特征:对各种选择方案进行广泛而全面的考虑;审查各种方案的价值目标;认真权衡各种方案的正反两方面结果;获得相关信息;吸收所得到的新信息;决策之前对选择方案进行反复审视;为实施方案准备条件。该理论运用了经济决策原理来分析和研究职业行为,为编制职业决策能力量表和计算机辅助指导提供了理论的基础。其中,理性地诊断职业选择和职业发展障碍的思维方法,成为职业设计和职业管理良好的工作思维方式。

二、社会学习取向的决策模式

社会学派的研究成果丰富和完善了职业指导理论,指出个人如何在个性因素和社会因素之间取得平衡,使职业设计既能符合人的个性,又具有一定的可行性。此外,社会学派理论也对职业设计有着不可低估的影响,其主要代表是克朗伯兹的生涯决定社会学习论。

不同学者研究的重点因所关注焦点的不同而存在差异。一般而言,社会学家、经济学家比较注重环境的影响。社会学派认为,机会的因素在个人选择职业的过程中扮演着主导的角色,这些机会因素包括社会经济地位、性别、种族、文化及教育机会等个体无法自主控制的变量。相反,心理学家则相对地强调个体内在的发展是主要的影响因素,他们研究非机会的变量,重视个体的兴趣、价值观、人格和能力倾向等因素对个人生涯选择的影响。克朗伯兹兼顾心理与社会的作用,认为二者对个人生涯选择均有影响。20世纪六七十年代,克朗伯兹和同事们一起对高中学生做了一系列的研究,于1979年出版《社会学习理论和生涯决定》一书,书中阐述了他的主要观点。具体阐述如下:

(一)影响生涯决定的因素

克朗伯兹认为四类因素影响到个人的生涯决定,即遗传因素和特殊的能力、环境状况和事件、学习经验和工作取向的技能。

1. 遗传因素和特殊的能力

个人由于遗传的一些特质,在某些程度内限制了个人对职业或学校教育选择的自由。这些因素包括种族、性别、外在的仪表和特征等。某些个人的特殊能力也会影响其在环境中的学习经验,伴随着这些学习经验而来的兴趣和技能与个人未来的职业选择有相当密切的关系。个人的特殊能力包括智力、音乐能力、美术能力、动作协调能力等。

2. 环境状况和事件

克朗伯兹认为,在影响教育和职业选择的因素中,有许多来自外部环境,而非个人所能控制的。这些环境状况和事件来源于人类活动(如社会、文化、政治或经济的活动),也可能由自然力量引起(如自然资源的分布或天然灾害)。这些因素具体包括工作机会的数量和性质;训练机会的多寡和性质;职业选择训练人员和工作人员的社会政策和过程;不同职业的投资报酬率;劳动基准法和工会的规定;物理环境的影响,如地震、洪水、干旱、台风等;自然资源的开发;科技的发展;社会组织的改变;家庭的影响;教育系统和社区的影响。

3. 学习经验

克朗伯兹认为,每个人独特的学习经验在决定其生涯路径时扮演着重要的角色。日常生活中,由于个体受到刺激与强化的类型、性质及两者配合出现的时机错综复杂,因而没有一个理论能够很好地解释:这些不定的产量是如何影响个人生涯偏好和生涯技能发展的?又是如何影响生涯选择的?以下两种学习方式是克朗伯兹社会学习理论中最简约的形式,可用来说明学习经验对生涯决定的影响。

(1)工具式学习经验。工具式学习经验的获得,与学习心理学中工具制约学习的过程有类似之处。工具式学习经验包括三部分主要内容:① 前因,包括前面提到的各种环境状况和事件,以及个人在生活中遇到的刺激(即工作或问题)。② 内隐与外显的行为,包括内在的认知和情绪反应,以及外在的行动。③ 后果,包括直接由行动所造成的影响,以及当个体体验到这些后果时的认知与情感反应。

克朗伯兹的社会学习理论认为,凡是成功的生涯规划、生涯发展和职业所需的技能,均能够通过连续的工具式学习经验而获得。

(2)联结式学习经验。联结式学习经验综合了班杜拉社会学习理论的观察学习和学校心理学中的古典学习理论。联结式学习经验是指某些环境的刺激会引起个人情绪上积极或消极的反应。如果原来属于中性的刺激与社会上使个体产生积极或消极情绪反应的刺激同时出现,这种伴随在一起的联结关系,会使中性的刺激也具有积极或消极的情绪作用。克朗伯兹指出,我们对职业的刻板化印象,诸如"医生都是有钱人""军人和教师都是清苦的"等,都是通过这种联结式学习经验而习得。联结式学习经验对个体生涯的选择有着深远的影响。

4. 工作取向的技能

前面提到的各种因素,如遗传因素、特殊能力、社会上各种影响因素,以及不同的学习经验等,会以一种交互影响的方式使个人形成特有的工作取向技能。这些工作取向的技能包括解决问题的能力、工作习惯、工作的标准与价值、情绪反应、知觉和认知的历程等。

(二) 各种影响因素之间交互作用的结果

按照社会学习理论的观点,上述四类因素不断地进行交互作用,其结果是形成个体对自我观察的推论、世界观的推论、工作取向的技能和行动。

1. 自我观察的推论

以过去的学习经验为基准,个人会对自己的表现做出评估与推论。评估的参照对象可能是自己以往的成就,也可能是依据其他人的表现。克朗伯兹等认为,一般心理学家所测量的个人兴趣、工作价值都属于自我观察的推论。在解释生涯决定方面,自我观察的推论最重要的内容之一是爱好。比如,喜欢教书而不喜欢做生意,或喜欢走入人群而不喜欢坐办公室等。这些爱好是学习经验的重要结果,也是生涯决定的衡量标准。

2. 世界观的推论

同样,基于自己的学习经验,个人也会对环境及未来的事物做出评估与推论,特别是在职业的前途与展望方面。世界观的推论和自我观察的推论一样,其正确与否存在不确定性,要视个人的学习经验是否丰富而定。

3. 工作取向的技能

前面在影响生涯决定的四类因素中,已经提到工作取向的技能,所以它既是因,又是果。在这里,工作取向的技能是个人所习得的各种认知与表现的能力,可应用在生涯决策的过程中。工作取向的技能对个人来说,随着环境变化,能用来解释这种变化与自我观察推论和世界观推论之间的关系,以及预测未来变化的方向。

4. 行动

个人的实际行动是综合以前所有的学习经验,自我观察与环境的推论以及具备的各种能力,并将这些引入未来事业发展的途径。生涯决定的社会学习理论所重视与关心的正是行为,它包括初步选定一种工作选择、一个特定的专业,接受一次职业训练的机会,接受升迁的职位,或是改变主修科目等。

(三) 对生涯选择的基本看法

个体如何选择职业生涯方向,是由一组复杂的因素交织互动而决定的。对生涯选择的基本看法如下：

（1）生涯的选择是一种相互的历程。这种选择不仅反映个人自主的选择结果，也反映社会所提供的机会与要求。简言之，人选择职业，职业也选择人。

（2）生涯的选择是终生的历程。它不只是发生在一生中的某一时刻，而是由从出生到退休连续不断的各种事件与选择所决定的。

（3）生涯的选择不是偶发事件，是由许多前因所造成的结果。鉴于前因事件的复杂性，前因对于预测职业选择往往不太可靠。

"生涯犹豫"现象主要是由于个人缺乏有关的学习经验，或者是由于个体尚未学到系统而有步骤的生涯决策方法。因此，对生涯方向的把握不定是缺乏某种学习经验的结果，个体没有必要为此愧疚或抑郁。

基于对生涯选择的基本看法，克朗伯兹强调，个人在面对抉择时可能无法做出妥善的决策或决策方式不正确，产生这些困扰是由于世界观或工作取向技能的不完善与不足。因此，生涯辅导不仅是个人特质与工作相匹配的过程，还应该扩展辅导对象新的学习经验，鼓励其多参加各种和生涯有关的探索活动。辅导人员应该做好以下几方面工作：① 帮助个体学习合理有序的生涯决策的技能。② 帮助个体按照适当的顺序，提供各种学习与经验探索，包括试探、角色扮演、模拟活动，如电脑化模拟活动以及提供书面或视听教材等，使个体能顺利进行各种和生涯有关的活动。③ 指导个体评估这些学习经验对个人的影响。

（四）生涯决策的七个步骤

克朗伯兹等(1977)基于生涯决定的社会学习理论在中学和大学的实践，提出了生涯决策的七个步骤：

（1）界定问题：描述必须完成的决策，以及估计完成该决策所需的时间。

（2）拟定行动计划：描述将采取哪些行动或步骤来做决策，如何实施这些步骤，并估计每一步骤所需的时间或完成的日期。

（3）澄清价值：描述将采取哪些标准来作为个人评价每一可能选择的依据。

（4）找出可能的选择：描述已找出的可能选择。

（5）发现(评价)可能选择的结果：依据选择的标准、评分标准，评价每一可能的选择。

（6）系统地删除不符合价值标准的可能选择：对每一可能选择符合价值标准的情形做笔记，从中选择最符合决策者的理想选择。

（7）开始行动：模式将采取何种行动以达到所选的目标。

三、盖蒂的 PIC 模型

PIC 模型是由以色列职业心理学家盖蒂(Gati)提出的一种系统的职业决策方法，

其构建兼顾理论验证与实践运用。

PIC 是排除阶段(Prescreening)、深度探索阶段(In-depth exploration)和选择阶段(Choice of the most suitable alternative)的缩写。

PIC 模型的理论基础是排除理论。决策方案的选择通常都是多属性的,在选择过程的每一阶段,要挑选出某一属性或某一方面,根据其重要性对之做出评价,对不符合决策要求的属性便应予以排除,即不再在以后的比较选择中继续加以考虑,直到剩下某种未排除的方面或属性时,再做出最后的选择。

1. 排除阶段

在许多职业决策的情境中,潜在职业方案的数目是相当大的。排除阶段的目的就是将这些潜在方案的数目减少,达到可操作的水平。这样可以使有可能的方案的数目有限,决策者能够为每个方案收集广泛的信息,并且有效地加工这些信息。

排除阶段可以分为五个步骤:

(1) 选择在搜寻中被用到的有关方面。寻找有可能的方案是建立在个人对有关方面的偏好这一基础之上的,如个人的职业价值观、兴趣、能力、工作环境、培训时间、工作时间、人际关系类型等。

(2) 根据重要性排列这些方面。按照个人的重视程度给这些方面排序,以便于序列搜寻过程能相应地进行(即先搜寻最重要的方面,再搜寻次重要的方面,依此类推)。

(3) 为重要的方面定义可接受水平的范围。在序列搜寻中对于每一个要考虑的方面,首先引入个人偏好的最优水平——即在该方面上最想要的;然后,挑选出次想要的,再次是可接受的水平。

(4) 将个人可接受水平的范围与有关职业方案的特性水平进行比较。序列排除过程是这样开始的:列出所有潜在的职业方案,并且将它们的特点与个人的偏好进行比较。首先排除在最重要的方面上与个人偏好不符的方案。在其他方面上,这个过程被反复进行,直到剩余"有可能的方案"的数目在可操作的范围内。

(5) 灵敏度分析。检查对偏好的可能变化而引起相应结果变化的灵敏度。这个步骤包括再次检查排除阶段的输入、输出以及步骤。检察被报告的偏好是否仍然是可以接受的,还是更希望改变它们;分析为什么某些在系统搜寻前被个人直觉地认为是有吸引力的方案而在序列排除过程后被删除了;找出那些仅仅因为一个方面上的不一致而被剔除的方案;检查关键方面信息的有效性,并且考虑有无可能在这个关键方面上折中一下。

2. 深度探索阶段

这个阶段的目的是找到一些不仅是有可能的,而且是合适的方案,想要的结果是合适方案的清单。基于以下两方面,该方案被认为是合适的:一方面,每个合适的方案与个人的偏好相符;另一方面,个人符合该方案的要求。

考察某个方案是否真正适合个人,涉及两个条件:一是在个人认为最重要的方面上检查每一个可能方案与个人偏好的符合程度;二是在其他重要的方面上检查该方案与个人偏好的符合程度。有可能的方案都是经过排除阶段的筛选后留下的,它们在重要的方面上多少和个人的偏好相符合。在深度探索阶段,随着个体得到更多的、更具体的信息,个人的偏好是会被调整的。

对于个人满足特定方案要求的程度,也包含两种适合的条件:一是考察个人是否真正能达到方案核心方面规定的要求。另一个涉及考察实现每个方案的可能性,既要考虑个人过去的教育背景、实践经验等,也要考虑每个有可能方案的先决条件(如最低的从业资格)。最后,希望个人能通过自己的努力来提高实现某个有可能方案的可能性。

3. 挑选最合适方案阶段

该阶段的目的是考虑个人的偏好与能力,挑选对于个人来说最合适的方案。具体表现为:

(1) 挑选最合适的方案。许多人会在深度探索阶段结束时得到一个合适的方案,并据此收集相应的信息。在这种情况下,一般没有必要再比较方案了。但是深度探索阶段结束时也可能会得到两个或更多的合适方案,个人为了挑选最合适的一个,不得不比较这些方案,这时就要关注它们的特点,将方案的优缺点进行比较,考虑方案之间的平衡,挑选其一。

(2) 挑选其他合适的方案。职业决策通常是在不确定的状态下做出的,职业方案实现的可能性也经常是不确定的。比如,得到一份工作的可能性不仅仅取决于是否满足了它的最低要求,而且还有赖于其他应聘者的人数和品质。所以,在挑选了偏爱的"最合适的"方案之后,个体必须利用收集到的信息评估实现该方案的可能性,如果肯定能够实现,就没有必要再挑选次等的方案;但如果存在不确定性,建议回到前面的步骤,搜寻更多的、可能被认为是"次等的"但仍然适合的方案;如果第一和第二方案实现的可能性都相当低,建议考虑第三、第四方案等。

总之,决策理论重视个人生涯发展时的历程及抉择,并且因为牵涉到个人价值观,所以除了搜集正确的客观资料之外,更重要的是要针对个人独特的价值观,加以了解、澄清。因此,虽然大多数人所认同的具体步骤可供参考,不过个人主观的价值评价其实才是最重要的决策依据。

项目训练

认知信息加工理论,画出 CASVE 决策模型。

第三节 职业生涯决策方法

在面临生涯决策时,所有选择都没有绝对的对与错。任何一个正确的决策都是基于对各种因素的综合平衡,是平衡的产物。本节将介绍几种常见的生涯决策方法,它们分别应用于不同的生涯决策情境。

一、决策平衡单

当面临多个可能的选择犹豫不决的时候,"决策平衡单"可以帮助我们详尽地考虑多方面的因素,将重大决策的思考方向集中到四个主题上:个人物质方面的得失、他人物质方面的得失、个人精神方面的得失和他人精神方面的得失。其步骤如下:

(1) 将各种职业选择在决策平衡单顶部水平排列。

(2) 在平衡单左侧,垂直列出在个人物质方面的得失、他人物质方面的得失、个人精神方面的得失和他人精神方面的得失四个方面的考虑因素,如:

个人物质方面的得失:收入、升迁的机会、工作环境的安全、休闲时间、对健康的影响、就业机会、足够的社会资源等。

个人精神方面的得失:兴趣的满足、能力的满足、价值观的满足、生活方式的改变、成就感、自我实现的程度、挑战性等。

他人(父母、师长、配偶等)物质方面的得失:家庭经济、家庭地位、与家人相处的时间等。

他人(父母、师长、配偶等)精神方面的得失:成就感、自豪感、依赖等。

(3) 对每种因素按1~5的等级分配权重。5为最高权重,表明对决策者的价值最大,最看重,表示"非常重要";4代表"较为重要";3代表"一般";2代表"不重要";1代表"最不重要"。

(4) 对各种职业选择在各因素上的程度,进行打分。"+"与"-"分别代表得与失,对每一个考虑因素,均可以数值(如1~10)的大小代表得失的程度。

(5) 将得分与权重对应相乘算出每种职业选择的总分,进行排序。

案例导入

以**大学的小张为例,她经过自我探索和职业探索,将中学教师、行政秘书和人力资源专员三种职业作为考虑对象,但难以抉择,于是她使用决策平衡单来辅助进行生涯决策。

小张的生涯决策平衡单

考虑因素	选择项目	权重 −5～+5	选择一（中学教师）得(+)	选择一（中学教师）失(−)	选择二（行政秘书）得(+)	选择二（行政秘书）失(−)	选择三（人力资源专员）得(+)	选择三（人力资源专员）失(−)
个人物质方面	1. 优厚的经济报酬	3	5		4		7	
个人物质方面	2. 较高的社会地位	3	6		3		6	
个人物质方面	3. 足够的社会资源	4		−1	3		5	
个人精神方面	4. 符合自己的兴趣	5	8		4		8	
个人精神方面	5. 符合自己的能力	4	6		5		6	
个人精神方面	6. 符合自己的价值观	5	7		3		8	
个人精神方面	7. 符合理想的生活形态	3	3		4		7	
个人精神方面	8. 未来有发展空间	5	6			−2	8	
他人物质方面	9. 带给家人声望	2	5			−1	4	
他人精神方面	10. 有利择偶满足父母要求	2				−2		−1
合计			190	−4	100	−16	232	−2
总分			186		84		230	

她先列出了10个考虑因素，其中1～3为个人物质方面的得失，4～8为个人精神方面的得失，9为他人物质方面的得失，10为他人精神方面的得失。同时，根据10个因素对自己重要性的不同，分别给予了一定的权重，如"符合自己的价值观"很重要，所以权重为5。在打分过程中，她认为，从符合自身兴趣程度来看，"中学教师"为8，"行政秘书"为4，而"人力资源专员"为8；符合自身能力分别为6、5、6；……依此类推，最后得出了合计总分，最高的职业方案是"人力资源专员"。

在生涯决策平衡单中，权重和得分都是因人而异的，可以根据自己的实际情况进行调整、比较。使用决策平衡单，其目的不仅在于得出最后的排序结果，使用的过程也很重要。因为列举各项考虑因素、给各项因素分配权重以及打分的过程本身,就是在帮助决策者理清自己的思维。这样一个仔细思索和反复推敲的过程,比单纯得出一个结果更重要,更能够帮助个人做出适合自己的决策。

二、SWOT 分析法

SWOT 分析法也是生涯决策者探索生涯目标的一种方法,对自己个人的优势(strength)、劣势(weakness)、机会(opportunity)和威胁(threats)进行分析,SWOT 是这几个单词的英文缩写。SWOT 分析中的优势和劣势主要是针对职业生涯决策者的内在而言的,机会和威胁主要是针对生涯决策者的外在而言的,从每一个生涯决策者的内在外在因素分析中,探寻目标。

1. 分析自己的优势

优势是指与其他竞争对手相比,自己出色或与众不同的地方。主要应该包括以下内容:

(1) 专业背景。这里的专业背景主要是指职业生涯决策者的专业背景、接受培训的经历。在学校期间,专业课程主要学习了什么?专业以外学习了什么?自学了什么?你具备什么样的专业理论素养和实践能力?或许专业并不是生涯决策者最理想的就业方向,即使这样,专业仍能对生涯决策者选择职业起到一定的帮助作用。

(2) 工作能力和实践经历。在大学读书期间,你担任过什么样的班级或学生组织的职务?组织过什么样的活动?参加过什么社会实践活动和专业实习活动?是否做过志愿者?获得过什么样的奖励?等。这方面的优势能反映生涯决策者运用能力的素质。

(3) 与众不同的素质。如,你具有什么样的经历?你具有什么样的独特能力和奖励?你的人际关系如何?等。每一位竞争对手都有一定的能力,但是作为生涯决策者若找到自己具备而其他人往往不具备的能力则更有说服力。

2. 分析自己的劣势

每个人都有自己欠缺的地方,找到自己的劣势也是为自己的生涯决策提供良好的参考坐标。一般而言,自己的劣势主要从两方面寻找:一方面是从自己的性格方面去分析,如性格内向、不善于和人打交道,独立性强、与人默契配合有些困难等;另一方面是从自己的经历去分析,对于大学生来说,很多人都存在没有工作经历,经验欠缺,对可能面临的困难估计不足等问题。

3. 分析面临的机会

分析面临的机会主要包括以下三个方面:

(1) 对国际国内宏观环境的分析。一是当前国内的政治经济形势是否稳定,是否有利于经济的发展?二是你感兴趣的行业在国际国内前景如何?

(2) 对自己所感兴趣的地区企业的环境分析。企业在本地区的发展趋势如何?市场行情怎么样?

(3) 对自己的人脉关系进行分析。哪些人会对你的职业发展有所帮助?能持续多久?如何和他们保持联系?

4. 分析面临的威胁

面临的威胁也有许多因素,如企业的重组、领导层的换届、新同事或竞争对手的实力增强、行业遭遇发展危机等。

在此基础上列出今后三至五年的发展计划和目标。当列出具体的计划和目标时,需要明确:你如何实现这样的目标?在这个过程中需要解决什么问题?如何解决这些问题?如果需要外界的帮助,你如何获得?等等。如,你的个人SWOT分析可能显示,为了实现你的职业目标,你需要进修相关的课程,那么你的职业发展计划中就应该说明要具体学什么课程,怎样学,达到什么样的水平等。

SWOT分析法在生涯决策初期的作用非常明显,可以比较顺利地帮助学生明确自己的职业选择方向,但是当大学生已经有几个可供选择的方案时,就需要同其他的决策方法共同使用,以准确评估。个人SWOT分析案例见表4-2:

表4-2 个人SWOT分析

个人概况	
柯蒙,女,中共党员,1994年5月18日出生,江苏南通人,2012年9月考入南京××大学社会工作专业,将在2016年7月毕业。	
环境分析	
内部环境分析:优势	外部环境分析:劣势
(1) 进入大学以来,对社会工作专业由不了解到喜欢到投入的认真学习,已经基本学习完社会工作本科的专业主干课程。 (2) 曾任学院学生会实践部副部长、社会工作协会会长,欣赏社会工作的"助人自助"理念,乐于利用课余时间帮助附近社区的弱势群体,完成各项社会工作专业实习时间累计300课时。 (3) 辅修了心理学的相关课程,获得心理学专业专科文凭。有一定的书面表达能力,逻辑思维性和条理性较好,英语六级584分。 (4) 富有爱心、责任心,能积极调动并利用环境资源推进工作的开展,获得过"优秀学生干部"称号。 (5) 对学校社会工作、青少年社会工作特别感兴趣,期望能从事这方面的工作。	(1) 社会工作专业是新兴专业,它的理论和实务的案例主要来自欧美国家,少部分来源于我国港台地区,用来指导大陆实务还有一个本土化的过程,这是所有大陆社会工作专业毕业生都面临的问题。 (2) 对社会工作的理论具体在实务中的运用还不熟练,尤其是对于一些极端的个案,如离异家庭、吸毒者的社工介入觉得能力不够。 (3) 做事有时不够果断,做决定时经常畏首畏尾。 (4) 工作经验欠缺,对于独立完成一些个案的辅导还需要帮助。

续 表

外部环境分析	
外部环境分析:机会	内部环境分析:威胁
(1) 我国社会工作发展已经开始起步,和谐社会的建设、中国梦的实现离不开社会工作者,社会已经逐步开始认可社会工作者。 (2) 长三角经济发达,社会建设事业也走在全国的前列,上海、南京、苏州等地的社区已经开始大量招收社会工作专业毕业生。 (3) 我所在学校是211高校,社会工作专业是江苏省开办最早、实力最强的专业,学院的一批老师和民政部门、社工机构有着良好的合作关系,已经有一批学长学姐在上海、深圳、广州、南京、北京等地工作,具有良好的社会声誉。 (4) 我在社区有300多学时的实践经历,具有初步的社工实务技能,和学校所在的南京市栖霞区民政部门及附近社区的工作人员熟悉。 (5) 我所在的是××大学,有利于我学习师范专业的课程,为教师资格证的考取提供了便利,只有考取教师资格证才能有机会取得公办学校的报名资格。	(1) 社会工作发展虽然已经起步,但是全社会的知名度仍然不大,不少人不知道社会工作到底是做什么的。 (2) 许多地方社区招聘社工不仅限于社工专业,而是社会工作、公共事业管理、心理学、思想政治教育等专业都一起招,统一考试录用。 (3) 我国大陆地区的学校虽然已经重视学生成长问题,但是在人员配备上还没有给予足够的重视。 (4) 社会工作在我国港台地区的收入尚可,但是在美国并不高,在我国,就目前情况来看并不乐观,收入偏低,从事这个行业的人生活压力大。

未来5年职业目标
(1) 准备阶段:即将毕业的学生。这个阶段的主要目标是学习社会工作的前沿知识,锻炼开发工作所需的技能,积累案例资料,学习求职的知识和技巧。 (2) 入职阶段:应聘者。这个阶段的主要目标是进入职业市场,得到工作,成为单位的新雇员,从事学校社会工作、青少年社会工作和残疾人社会工作。 (3) 新手阶段:助理社会工作师。这个阶段的主要目标是了解单位、熟悉工作内容和对象,接受组织文化,学会与同事相处,迎接工作的挑战性、提升工作能力,尝试工作创新。 (4) 发展阶段:社会工作师。这个阶段的主要目标是全面提高个人工作能力,能熟练处理本机构自己负责的所有个案工作或小组工作,朝向社会工作督导的职业目标努力。

未来5年行动计划
(1) 准备阶段:学生。加强适应职业要求所需的专业素质,继续学习心理学、教育学、社会学、公共关系学、行政管理学的相关课程,拓展自己的知识面,到一些知名机构见习、实习。 (2) 进入阶段:应聘者。积极参加各种招聘活动和各机构的宣讲会,制作好个人简历,为各种招聘活动做充分的准备,努力找到一份既能满足个人爱好、待遇也比较好的工作。 (3) 新手阶段:助理社会工作师。要学会自己独立开展工作,接纳同事、案主和督导,学会面对失败,学会处理工作中的冲突和矛盾,多向同事请教,多听取督导的指导。 (4) 发展阶段:社会工作师。继续提升能力,开始拓展自己负责的业务范围,协助督导指导新进人员的指导和培训,开展理论研究和实务创新,争取出一些研究成果,早日成为社会工作督导员。

项目训练

通过你当前面临的一个决策事件,运用平衡单法完成有效决策。

第四节　生涯决策的原则与理念

一、生涯决策原则

生涯决策必须坚持以下四个原则:

1. 符合自身兴趣原则

职业生涯决策首先必须考虑到决策者自身的职业兴趣。只有从事自己喜爱的工作,才会使自己对职业充满激情和动力,在工作中发挥自己的才华、能力和素质,把工作当成创造性劳动,竭尽全力做好工作,工作也会更容易干出成绩。有研究表明,一个对所从事的职业感兴趣的人能够发挥其才能的 80%~90%,且能保持高效率、不疲劳的状态,而对所从事职业不感兴趣的人,则只能发挥其才能的 20%~30%,且常会感到精疲力竭。

2. 符合自身能力原则

职业生涯决策应结合自身素质情况,侧重自身能力来选择职业,以利于今后在工作岗位上出色完成本职工作。每个劳动者无论从事什么职业,都必须具备一定的能力素质。人与职业的适应与不适应,重要的因素之一就是人的某方面特长是否达到了职业对人的要求。不同的职业,对人的要求也是不同的,如果缺少个人应有的能力素质,即使职业岗位提供的条件再好,也无济于事。

3. 符合社会需要原则

大学生在生涯决策时,应该把社会需要作为决策的前提,以社会对人才的要求为准则。当个人决策目标与社会需求发生矛盾时,要及时调整个人的决策目标,使个人生涯决策服从社会需求;还需要用长远的、发展的眼光看待自己的选择,善于预测职业随社会的需要而变化的未来走向,使自己的生涯决策具有一定的前瞻性。

4. 符合自身发展原则

除了上述原则外,大学生进行职业生涯决策还应着眼于符合自身的职业生涯发展。自己的生涯发展既是立足社会、取得安身立命之所需,也是服务社会、回馈社会的人生舞台。考虑自身的生涯发展必须考虑到你所选择的职业未来发展的因素,也必须考虑到自身个人成长发展的因素,当然更要考虑相关的具体利益,如社会声誉、收入、福利等。

案例导入

比尔·盖茨的生涯决策

1972年夏天,比尔·盖茨为了和好友保罗·艾伦一起经营其注册的公司,开始考虑从哈佛大学退学,他的这一想法遭到了父母的极力反对。为此,他决定将退学的事暂时放一放。他和艾伦一边上学,一边经营公司,不久,电脑市场露出了微型化的苗头。盖茨感觉,电脑的发展到了关键地步,很快将引来一场惊人的技术革命,电脑将走入千家万户。这时,艾伦又不断鼓动盖茨退学,以全心投入电脑市场的开发。但盖茨觉得时机尚未成熟,决定继续留在学校。

1975年元旦,当艾伦和盖茨在《大众电子》杂志上,看到第一台上市的微电脑——"牛郎星8800"时,盖茨意识到,个人计算机革命发生了,它将改变整个世界。这一信息对他太重要了。在兴奋之余,他们立即决定编写在这种新机器上运行的计算机语言。他们没日没夜地工作了8周,终于把一种简单的编程语言——BASIC的最初版本拼凑在一起。此时,比尔·盖茨不顾父母的反对,义无反顾地从哈佛退学。两个月后,他们合作创建了他们的第三家公司,取名为"微软公司"。

据说比尔·盖茨的父母当初为了劝阻孩子从哈佛大学退学,曾找到了当地一位名绅来做比尔·盖茨的思想工作。他与比尔·盖茨谈了没多久,就全力支持他退学,因为他深深地为比尔·盖茨的全盘筹划而打动,并坚信他会取得成功。

比尔·盖茨利用信息做出了明智的决策。可以说,没有他当时的决策,就没有现在的微软帝国。而盖茨每走一步,都是以合理规划和准确的信息把握为依据的。这在他后来的职业生涯中,一再表现出来。可贵的是,从20世纪80年代起,盖茨每年都要进行两次为期一周的"闭关修炼"。这一周他所要做的就是远离尘嚣,凝神思考科技业的未来,然后做出决策,把所思所想传遍整个微软帝国。他不断认识自我,规划自我,这是值得我们所有人去努力的方向。

所以说,盖茨能成为软件霸主,聪明并不是第一位的,他对自身的了解和规划、对信息的准确把握以及他不断做出的正确决策才是他走向巅峰的真正原因。

2007年6月9号,比尔·盖茨回到哈佛校园,接受母校授予他的名誉博士学位。拿到证书后,比尔·盖茨面对坐在台下的父亲高兴地说:"爸爸,我早就告诉你,我迟早会拿到哈佛的毕业证书的。今天我说话算数了吧?"他的话引起了台下听众的热烈掌声。

二、生涯决策理念

尽管我们学习了生涯决策的相关方法,但决策对每个人来说,仍然是个复杂的事情,一个突如其来的事件,都有可能造成生涯决策的调整。我们必须知晓更多的决策理念,以不变应万变,学会在变化中决策。

1. 建立积极的思维方式

我们的思维和习惯从童年时期就开始逐渐形成,成人以后形成相对稳定的信念机制,这个信念机制会影响我们的决策和行为,从而影响我们是否能成功。信念机制分为两类,即积极的或消极的信念机制。持有积极信念机制的就是积极思维者,反之则是消极思维者。积极思维者使用积极乐观的语言,语调活泼、热情、友善,积极的姿态(微笑、身体语言富有表现力),他们更关注于把自己的能力展现于外部世界。两者对比见表4-3:

表4-3 消极思维者和积极思维者的对比

消极思维者	积极思维者
总喜欢为没有完成工作找借口	生活充实、满足
遇到挫折的时候只会抱怨,容易放弃	保持开放型思维,容易接受新的观点和建议
凡事总往坏处想	当出现消极思维时,能迅速排除
贬低自己和别人的价值	重视自己和他人的价值
不敢尝试,容易退缩	积极行动,勇于尝试
情绪不稳定,容易生气、后悔、抱怨	情绪稳定,积极乐观

任何事情都有积极或者消极的一面,积极思维者更关注积极的一面,而消极思维者看到的则是消极的一面。

培养积极的思维方式,要学会发现自己的优势。比如,通过编写成就故事,也就是写出从小时候到现在有成就感或是感觉不错的事情。衡量标准:一是你喜欢这一经历,二是你为结果感到自豪,包括全职或兼职工作,课堂或课余活动,个人爱好,人际关系,作为孩子、朋友、领导者等各种角色,等等。通过这些事件的回忆,我们就可以发现自己的优势,对自己形成正性的评价。

培养积极的思维方式,还要改变我们消极的思维,特别是调整可能存在的非理性观念,将"应该"或"必须"调整为"我希望"。同时,通过各种渠道,进一步加深对自身和外部环境的认识,使我们的职业生涯发展更加切合实际。

2. 及时评估决策质量

对做出的生涯决策,要及时给予质量评估,看看是否有必要重新进行决策。(美)Robert D. Lock 提出了七点来评估生涯决策的质量,如果答案都是"是",说明决策的质量比较高,反之,我们的决策质量可能存在问题。具体如下:

（1）你是否使用了一系列的方法（6种以上）来找出多种可能的职业选择（15个以上）？

（2）你是否已经仔细探索和研究了缩减后的职业选择（10个或更多），包括它们所体现的价值观以及它们所要求的技能？

（3）你是否对每种职业前景的正面和负面后果都进行了仔细的考虑和衡量？

（4）你是否广泛收集了新的信息来帮助自己评价和衡量各种职业选择？

（5）你是否实事求是地将有关职业选择的新信息或专家意见考虑在内，哪怕这些信息或意见并不支持你所倾向的职业？

（6）在做出最后决定之前，你是否重新审视了职业前景的正面和负面后果，包括那些你认为自己恐怕不能接受的职业？

（7）你是否已做出详细的计划来实施自己的首要职业选择（比如，获得必要的教育、求职）？是否还有另外的计划？当你的第一选择牵涉的风险太大时能否用一个新的职业目标来代替它？

3. 接纳不确定性

曾有学者提出"积极的不确定"的生涯决策理论。在现实生活中，很多大学生在谈到职业生涯规划或生涯决策时都会感觉到很有压力，但生涯决策并不是一蹴而就的，也不是一成不变的。从某种意义上来说，决策是一个顺其自然的过程。

如果当下还没有立即决策的需要，那么就应当保持积极的不确定。"积极的不确定"意味着它是一种计划好的开放态度，是一种值得持有的理性态度。我们保持"弹性"与开放，利用不可预料的未来事件促进自己的发展，帮助我们更好地适应不断变化的未来状况，学会使用全脑思考，将自己与时移事易的客体牢牢联系在一起，随之一起发展。未决定也是一种决定，那就是：在更好的时机、在更充足的信息之下，再来做决定。

4. 重视偶然事件

克朗伯兹（Krumblotz,1979）提出偶然事件理论，指出微小差异和机会性因素对个人的生涯发展具有极其重要的作用。也就是说，意外的、偶然的事件有可能引起个人职业生涯发展之路的巨大变化。

其实，偶然事件并非完全基于"意外"和"偶然"。仔细分析起来，偶然性事件大多是基于一定的"计划"和"必然性"的。因此，我们应该以最理想的方式有意图地去抓住生活里冒出的事件，把未计划好的事件视作尝试新行为、发展新兴趣、挑战旧有观念及继续终身学习的机会，并采取行动以增大未来有益的偶然事件发生的可能性。这些增大有益的偶然性事件发生的可能性的活动包括：培养新的爱好、实习、见一些不熟悉的人、参加志愿工作、尝试兼职，等等。

项目训练

剖析个人决策过程中的常见问题。

阅读与鉴赏

阅读《选对池塘钓大鱼》,[美]雷恩·吉尔森著。

思维拓展

"生命的意义由自己的选择所决定",请结合你自身的人生经历,谈谈对这句话的理解。

行动与任务一

完成一份个人生涯决策平衡单。

行动与任务二

二维码内含微课、学习任务、经典案例和拓展阅读,快来扫一扫!

职业生涯决策

大学生职业生涯发展规划

主编 肖尚军 张 丹

第5章
职业生涯规划
学习手册

南京大学出版社

第5章
职业生涯规划

引导语

"机会只偏爱有准备的人",无数成功人士的成长经历都告诉我们,成功的生涯发展源于合理的规划和充分的准备。对大学生来说,未来是广阔的、不可知的,但是主动地、有意识地、科学地进行职业规划,可以帮助我们搭建一部可以登上理想云端的天梯,在这部天梯上,每一步都是实实在在的,又是直指目标的。等到我们成功登顶的那一天,可以信心满怀地对自己说:一切尽在掌握。通过本章学习,我们将了解和掌握如何制订适合自己的职业目标,如何进行科学的职业生涯规划,在科学方法的帮助下绘制个人生涯发展的蓝图。

听音频
生涯规划

> 凡事预则立,不预则废。(凡事预(豫)则立,不预(豫)则废。言前定,则不跲;事前定,则不困;行前定,则不疚;道前定,则不穷。)
>
> ——《礼记·中庸》

案例导入

准确定位,规划人生

乔治·肖伯纳有过这样一段名言:"征服世界的将是这样一些人:开始的时候,他们试图找到梦想中的乐园,最终,当他们无法找到时,就亲自创造了它。"职业对我们大多数人来说,都是生活的重要组成部分。但是,职业既不像家庭那样成为我们出生后固有的独特的社会结构,也不像货架上的商品,可以供我们随意挑选。它更像一位朋友或一位合作伙伴一样。既存在,又不一定在眼前;与其结识不乏机缘,但更需要自我的设计和自我的奋斗。

面对自己的职业发展理想,大学生们必须按照职业生涯规划理论加强对自身的认识与了解,找到自己感兴趣的领域,确定自己能干的工作也即优势所在,明确切入社会的起点及提供辅助支持、后续支援的方式。其中最重要的是明确自我人生目标,即给自我人生定位。自我定位,规划人生,就是明确自己"我能干什么?""社会可以提供给我什么机会?""我选择干什么?""我怎么干?"等问题,使理想可操作化,为介入社会提供明确方向。

第一节 职业生涯选择的步骤

职业选择就是指人们从自己的职业期望、职业理想出发,依据自己的兴趣、能力、特点等,结合自身所处的外部环境条件,从社会现有的职业中选择一种适合自己的职业的过程。

一、职业生涯选择的意义

我们可以为钓一次鱼做准备,为吃一顿饭而规划,为下一盘棋而思考,为一次旅行而计划。那么我们是否更应该思考在有生之年选择一份什么样的职业?如何度过漫长的职业生涯?不言而喻,这是必要的。职业生涯选择的意义在于以下几方面。

1. 明确职业方向

职业目标是要为自己设立一个职业生涯发展的方向和目标,正如罗盘指针在被磁化之前所指的方向是不确定的,但是指针被磁化具有特殊属性之后,它们就会永远指向北方——忠实于两极。因此,一个人要树立一个大的方向,无论他迈出的是哪一步,都应是朝着这个大方向、指向一个目标前进的。

2. 避免路径依赖

走出大学校门的第一份工作是非常重要的。许多没有进行职业生涯规划的大学生抱着"走一步算一步"和"骑驴找马"的心态开始了职业历程。结果是懵懵懂懂地踏入某个职业领域,产生了"路径依赖",时间越长越难消退。一旦选择进入某个路径就可能对这种路径产生依赖,某一路径的既定方向会在以后的发展中得到自我强化。也就是说,我们过去做出的选择决定了现在及未来可能的选择。好的路径会起到正反馈的作用,进入良性循环;不好的路径会起到负反馈的作用,进入恶性循环,可能会将我们锁定在某种低迷的状态下。

3. 降低机会成本

抱着"走一步算一步"的心态,往往也会陷入"机会成本"的泥潭。选择做一件事,必然会放弃另一件,那个被放弃的可能带来的收益就是机会成本。想跳槽转行,则继续留在原来那个行业可能创造的价值就变成了机会成本,机会成本越高,更新选择的难度就越大。

职业生涯的发展犹如爬树一样,一旦发现树上所结的果实并非自己所需或上面的枝干已经腐朽时,唯一的选择就是退下来,换一棵树或者朝另一个方向继续爬。在旧树干上爬得越高的人,退下来的难度也就越大,而越是等待观望,所付出的代价就越大。

二、个人职业生涯的选择步骤

职业选择是个人依照自己的职业期望和兴趣,凭借自身能力挑选职业,使自身能力、素质与职业要求特征相符合的过程。

个人职业生涯的选择步骤如图 5-1 所示。

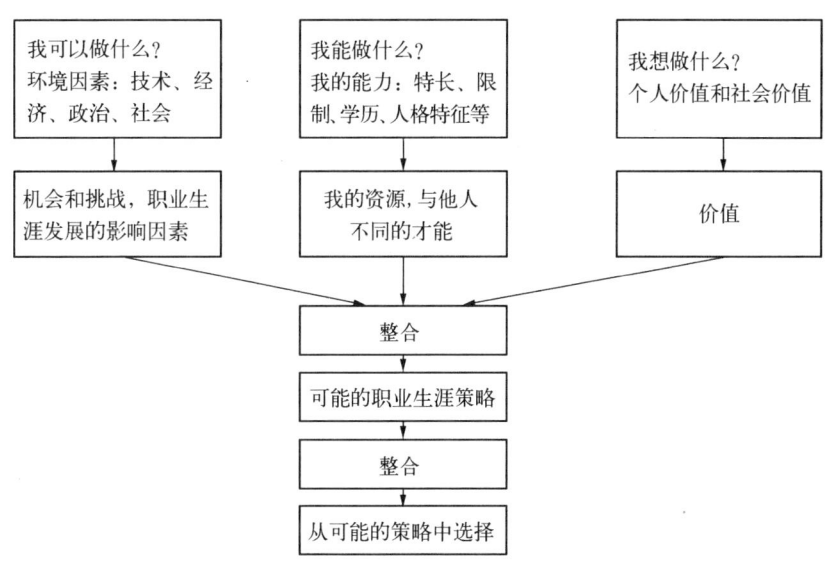

```
我可以做什么?            我能做什么?              我想做什么?
环境因素:技术、经        我的能力:特长、限        个人价值和社会价值
济、政治、社会            制、学历、人格特征等

机会和挑战,职业生        我的资源,与他人          价值
涯发展的影响因素         不同的才能

                         整合
                可能的职业生涯策略
                         整合
                从可能的策略中选择
```

图 5-1 个人职业生涯选择步骤

三、拟定个人职业生涯路线

1. 职业生涯路线的选择

大学生在选择职业路线时,首先要对职业生涯要素进行系统的分析。可以考虑以下四个方面的问题:

(1)希望向哪条路发展。主要是根据个人的爱好兴趣、价值观、性格、理想和成就动机等主观因素,计划出自己希望朝哪条路线发展。如,是向专业技术方向发展,还是向行政管理方向发展,以便确定自己的目标取向。

(2)适合往哪条路线发展。分析个人适合向哪一条路线发展,主要考虑自己的性格、经历、特长、学历、家庭影响、经济环境等一些客观条件对职业路线选择的影响,以确定自己的能力取向。

(3)能够找哪条路线发展。个人能够向哪一条路线发展,主要考虑自身所处的社会环境、经济文化环境、政治环境和组织环境等,决定自己的机会取向。

(4)哪条路线可以取得发展。选择自己希望和适合的发展道路后,进一步综合分析各方面的因素,判断这条职业目标的实现路线是否可以取得发展。

2. 挑选最佳路线

通过系统分析自身因素和环境因素,权衡利弊,挑选出能最佳实现自己目标的路

3

线。由于每个人的基础素质不同,适合的职业生涯发展路线也就不一样,有的人适合搞研究,能够在专攻领域求得突破;有的人适合做管理,可以成为一名优秀的管理人员。基本上有三种职业生涯发展路线可供选择,即专业技术型路线、行政管理型路线和自我创业型路线。

(1) 专业技术型发展路线。专业技术型发展路线是指工程、财会、销售、生产、法律等职能性专业方向。共同特点是都要求有一定的专门技术性知识与能力,并需要有较好的分析能力,这些技能必须经过长期的培训与锻炼才能具备。如果你对专业技术内容及其活动本身感兴趣,并追求这方面的提高和成就,喜欢独立思考,而不喜欢从事管理活动,专业技术型发展道路是你最好的选择。相应的发展阶梯是技术职称的晋升及技术性成就的认可,奖励等级的提高及物质待遇的改善。如果你在开始时选择了专业技术方向,但对管理有兴趣,并且希望在管理领域做出一番事业,也完全可以跨越发展:一开始从事某种技术性专业,不断积累充实自己的专业知识,打下坚实的技术基础。然后在适当的时候,转向专业技术部门的管理职位。事实上,现代社会中的很多职业都有这样的客观要求。

(2) 行政管理型发展路线。如果你很喜欢与人打交道,处理起人际关系问题总是得心应手,并且由衷地热爱管理,考虑问题比较理智,善于从宏观角度思考,并善于影响、控制他人,追求权力,那么行政管理型发展道路就是最恰当的选择,把管理这个职业本身视为自己的目标。相应的发展阶梯一般是从基层职能部门开始,然后向中级部门、高级部门逐步提升,管理的权限越来越大,承担的责任也就越来越大。前提条件是你的才能与业绩经过不断地积累提高,达到了相应层次职位的要求。

行政管理型发展路线对个人素质、人际关系技巧的要求很高。那些既有思维能力又善于处理人际关系的人,能够成为任职部门的主管干部,甚至做到组织分管技术工作的副总经理、总监、副院长等高层职位;而那些虽然善于处理人际关系,却欠缺思维分析能力,以及感情耐受力较差的人,却只能停留在低层领导岗位上。可见,不断地学习并进行自我提高是非常重要的。

(3) 自我创业型发展路线。现在,有很多人选择了自我创业的道路。创业自有快乐,但创业途中的艰难也不是常人能够想象的。客观上,要有良好的机会和适宜的土壤,主观上创业人不仅要有强烈的创造与成就愿望,而且心理素质要好,能够承担风险,善于发现开拓新领域、新产品与新思维。

四、确定职业生涯的成功标准——职业锚

案例导入

寻找自己的职业锚

王利是九江学院(原九江师专)1984级物理教育专业毕业生。他是一个特立独行,绝不按部就班的人:有思想,不苟同;生活比较邋遢,典型的性情中人。大学毕业后,他先当上了中学教师。尽管"授业"没有问题,可是学校总认为其特殊的性格不适合教师

行业。他自己也觉得不能实现自我价值,于是考取了国防科技大学的研究生,学习"导弹作战与指挥"专业,毕业后去了部队。在部队精简中,作为技术干部的他本来不应该受到影响,但是由于他的个性与军队文化的冲突,仍不免被复员。最后,他转业到地方法院系统,被安排在自己家乡的一个镇的法庭工作。当时他是这个县唯一的研究生。法院在了解他的个性后,干脆不再给他安排具体工作,他就只能赋闲在家。后来他又考取了中国科技大学的博士,毕业后进入科研院所,从事研究工作。现在他的工作得心应手,单位对他很满意,他自己也感觉很愉快。

1. 认识职业锚

美国著名的心理学家埃德加·施恩(Edgar Schein)提出的职业锚理论显示,职业规划是一个持续不断的探索过程。在这一过程中,每个人都在根据自己的天资、能力、动机、需要、态度和价值观等慢慢形成较为明晰的与职业有关的自我概念。职业锚作为一个人自省才干、动机与价值观的模式,在个人的工作生命周期中,或在组织的事业发展过程中,都发挥着重要的作用。

何谓职业锚呢?简单地说,职业锚是个人经过搜索所确定的长期职业定位。其特点是通过个人的职业经验逐步稳定、内化下来;当个人面临多种职业选择时,职业锚是其最不能放弃的自我职业意向。

通常情况下,人们刚参加工作时并不知道自己的最佳职业定位是什么。一个人的职业锚是其内心世界和工作情境之间早期相互作用的产物,通过若干年的实际工作后才能够被发现。一般来说,开始主动地、有意识地努力寻找职业锚的平均年龄是35岁,找到职业锚的平均年龄是40岁。

2. 职业锚的分类

职业锚可分为技术或功能型职业锚、管理型职业锚、创造型职业锚、自主与独立型职业锚、安全型职业锚、服务型职业锚、挑战型职业锚和生活型职业锚。

(1) 技术或功能型职业锚。属于这一类型的人在进行职业选择时,主要注意力集中在工作的实际技术或职能内容。

他们总是围绕着技术能力或业务能力的特定领域安排自己的职业,根据能最大限度地在特定领域保持挑战机会的标准进行工作流动。这些特定领域包括工程技术、财务分析、营销策划和系统分析等。虽然在其技术能力领域也会接受管理职责,但他们对管理职业并不感兴趣。例如,一个技术或功能型职业锚的财务分析员,希望在发挥自己财务会计专长的领域中谋求发展,其最高目标是公司的财务副总裁,而不会在其他职能领域中涉足。在许多工作岗位上都会有倾向技术或功能型职业锚的人,如咨询公司的项目经理、工厂的技术副厂长、企业中的研究开发人员、统计人员和会计人员等。

(2) 管理型职业锚。属于管理型职业锚的人把管理本身作为职业目标,而具体的技术工作或职能工作仅仅被看作通向更高的管理层道路上的必经阶段。

他们认识到在一个或多个职能领域展现能力的必要性,但却没有一个职能领域能让他们久留。他们往往具有升任组织高层领导所需的知识和技能,并能够把以下三种最基本的能力加以科学组合,即分析能力、人际沟通能力和情感能力。管理型职业锚的主要职业领域是政府机构、企事业组织的主要负责人,如市长、局长、校长、厂长和总经理等。

（3）创造型职业锚。属于创造型职业锚的人时时追求建立或创造完全属于自己的成就,拥有自主权、管理能力和施展自己才华的特殊能力,创造是他们自我发展的核心。

他们敢于冒险,个人的强烈需要是能够感受到所发生的一切都是与自己的创造成果联系在一起的。比如,成功的企业家在创建公司时,表现出非凡的创造性才干,而一旦建成,他们就会厌倦或不适应正规的工作而退出领导层,自愿或不自愿地让位于总经理。创造型职业锚的主要职业领域是发明家、冒险性投资者、产品开发人员和企业家等。

（4）自主与独立型职业锚。属于自主与独立型职业锚的人追求一种能最大限度地摆脱组织约束、施展自己职业能力的工作情景。

他们认为,组织生活是受限制的、非理性的、侵犯个人自由的。这种类型的人很少体验到错过提升机会的冲突,很少会感到失败或缺少更大抱负的愧疚,仿佛摆脱组织控制是最大的快乐。其主要需求是随心所欲地制订自己的步调、时间表、生活方式和工作习惯。自主与独立型职业锚的主要职业范畴是学者、科研人员、职业作家、个体咨询人员、手工业者和个体工商户等。

（5）安全型职业锚。属于安全型职业锚的人倾向于根据组织对他们提出的要求行事,力图寻求一种稳定的职业、稳定可观的收入和稳定的事业前途。

不论他们个人有什么样的理想和抱负,当个人目标和组织目标发生矛盾时,他们都会选择服从组织目标。同时,他们要求高度的感情安全,这在一定程度上限制了他们沿着等级制度向更高层次晋升。

现实中存在两种类型的安全取向:一种人的安全源来自组织中稳定的成员资格,如在政府部门或大公司工作;另一种人的安全源是以地区为基础,注重家庭稳定和自己融入社团的感情,如有的人尽管流动了几次,最后还是选择在自己的家乡就业。

（6）服务型职业锚。属于服务型职业锚的人指那些一直追求他们认可的核心价值,如帮助他人、改善人们的安全、通过新的产品消除疾病等。他们一直追寻这种机会,不会接受阻碍他们实现这种价值的工作变换或工作提升。

（7）挑战型职业锚。属于挑战型职业锚的人喜欢解决看上去无法解决的问题,战胜强硬的对手,克服无法克服的困难和障碍等。对他们而言,战胜工作中各种不可能、新奇、变化和困难是他们的终极目标。如果事情非常容易,他们会马上厌烦。

（8）生活型职业锚。属于生活型职业锚的人喜欢允许他们平衡并结合个人需要、家庭需要和职业需要的工作环境。他们希望将生活的各个主要方面整合为一个整体。正因为如此,他们需要一个能够提供足够的弹性、让他们实现这一目标的职业环境,甚至可以牺牲他们职业的一些方面,如提升带来的职业转换,他们将成功定义得比职业成功更广泛。他们认为自己如何去生活,在哪里居住,如何处理家庭事业的关系以及在组织中的发展道路是与众不同的。

通过对职业锚的描述,你可以判断自己是否达到职业成功的标准。

3. 职业锚的作用

当一个人确定了自己的职业锚之后,他的职业生涯将转变为事业生涯,这就是职业锚的作用。找到职业锚是一个人确定从事的是职业还是事业的分水岭,是职业生涯转换为事业生涯的里程碑。当一个人确定了自己的职业目标后,就不在乎自己的职务目标了,因为这时候他最关心的是自己的职业;当一个人确定了自己的事业目标后,就不在乎自己的职业目标了,因为不管从事什么职业,都是为那个事业服务。

有人说:"事业是伟人做的事情,我们这些平民百姓谈得上做事业吗?"所谓的伟人,是指那些从事了伟大事业的代表人物,伟人也不是从一开始就找到他的职业锚的。比如孙中山,他的第一个职业是医生,但是他后来发现中国的问题不是民众的身体疾病,而是腐朽没落的封建统治。于是他弃医从政,把推翻封建王朝,建立一个民主的中国当作他的事业来做,他找到了他的职业锚。鲁迅原来也是学医的,他看了一部电影,电影中的日本人在残害中国人,很多中国人在旁边观看,却麻木不仁,没有反应。他从而同样觉醒到中国的问题不仅仅是民众身体疾病的问题,而是很多中国人在灵魂上麻木了。于是鲁迅决定弃医从文,用犀利的笔锋去唤醒中国民众。虽然在那个年代,没有"职业锚"这个词,但是这些伟人都找到了自己的最佳职业定位。他们在职业生涯初期也是普通百姓,后来因从事了一项伟大的事业,成为这个伟大事业从业人员的代表,后人把他们称作伟人。如果你能够献身于一个伟大的事业,你也可能步入伟人的行列。

人一生努力地在职业生涯中千辛万苦地奋斗,为的是什么?开始的时候,是为自己、为家人、为朋友。随着他探求自己的职业锚,其关于职业生涯的思想觉悟有可能会提高,使自己努力奋斗的事情不仅仅是为自己、为家人,还要为朋友、为同事、为企业,进而为民族、为国家、为社会。

项目训练

拟定个人职业生涯路线。

第二节 职业目标制订

一、确定职业生涯发展目标的作用和意义

无论是在工作、学习、生活上,还是在人际关系上,都要有明确的目标。为什么有的人心胸宽广?因为他有明确的目标,若没有阻碍自己大目标的实现,其他的就可以理解

和宽容。"有了目标,内心的力量才会找到方向,漫无目标的飘荡终归会迷路,你内心那座无价的金矿,也终因不开采而与平凡的尘土一样。"你有什么样的目标就有什么样的人生,世上有98%的人对心目中喜欢的世界没有一幅清晰的画面,他们没有改善自己生活的目标,无法用一生的目标去鞭策自己,结果他们继续生活在一个他们无意改变的世界里。

美国生物学家克林莱斯有幸拍到了一组精彩镜头。有一种麻雀大小的鸟儿扑扇着翅膀刚停在沙地上准备觅食时,潜伏在沙子里的蛇猛地张开大口蹿了出来。鸟儿用自己的爪子一下又一下地拍击着蛇的头部,力量有限,蛇依然对鸟儿攻击不止,鸟儿一边躲闪着蛇的血盆大口,一边用爪子拍击着蛇的头部,其准确程度分毫不差。在鸟儿拍击了1 000多下后,蛇终于无力地瘫软在沙地上,再也爬不起来了。

这种鸟儿和蛇的力量对比是悬殊的,它甚至还没有一只麻雀飞得高,生物学家唯一能解释的答案就是,这种鸟儿在经过长期的经验积累后,终于掌握了一套对付蛇的办法,那就是瞄准一个点并持之以恒地用爪子击打蛇的头部。

在现实生活中,很多人之所以失败,就是因为没有瞄准一个点,持之以恒地走下去。而成功者则瞄准了这个点,并坚持走到了最后,这个点就是自己所定的目标、人生的理想。只要能瞄准一个点,哪怕力量微小,但只要坚持,就一定能够到达胜利的彼岸。

二、职业生涯目标的含义

德国诗人、戏剧家歌德曾经说过:"人生最重要的事情就是确定一个伟大的目标,并决心实现它。"而成功的职业生涯,是从制订合适的目标开始的。

人们通常会有生活、学习、娱乐、发展等个体层面的目标,如给自己买件衣服,考试得80分,去西藏旅游,当老板,等等,而职业生涯目标仅仅是个人目标中的一个,也是其中比较重要的一个。

职业生涯目标是指个人在选定的职业领域内的未来某个时点上所期望达到的成果。从这个定义中可以看出,首先,职业生涯目标是个人的。由于每个人的兴趣、价值观等个体特质、所处环境不同,职业生涯目标也会千差万别,带有明显的个性色彩。其次,职业生涯目标要在选定的职业领域内,比如人力资源领域。方向、领域确定在先,目标设计在后。再次,职业生涯目标是指向未来的,如五年或十年之后所期望达到的成果。比如小A期望毕业五年后在人力资源领域做到人力资源经理这一职位,这就是一个职业生涯目标。

三、职业生涯目标的分类

成功要靠目标来领航,强烈的成功欲望和信心,能极大地激发一个人的能量和热情,使其精神抖擞地为目标的实现做出努力。职业目标既可以是某个方向、某一范围,也可以是十分具体的职业。例如,李登海的目标是"为了祖国的富强和荣誉,要终生选择玉米育种栽培这一艰难而又催人奋进的事业,这辈子就要在这片土地上干大事业,不做大官",这就是一个职业目标。

就职业生涯来说,目标不是单一独立的,而是一整套相互联系的系统,这个系统就是有层次的相互联系的目标族。职业生涯目标可以从时间和性质等不同角度加以分类,以便于做进一步的分析。

1. 职业生涯目标按时间分解

按时间进程分为短期目标、中期目标、长期目标和人生目标。

一般来说,短期目标服从于中期目标,中期目标服从于长期目标,长期目标服从于人生目标。因此,职业生涯目标规划应从一生的发展写起,然后分解出十年计划,五年、三年、一年计划,再具体到一月、一周、一日的计划。计划定好后,再从一日、一周、一月的计划实行下去,直至实现你的一年目标、三年目标、五年目标和十年目标。具体见表5-1:

表5-1 职业生涯目标按时间分解表

目标分类	含义	主要特征
人生目标	整个人生的发展目标。明确自己想干什么、想成为什么样的人、想取得什么成就、想成为哪一行业的佼佼者	(1) 人生目标应该是其他各个不同时段目标的根本,其他目标都是为这一人生目标做基础工作的,一系列目标连在一起就是人生走向光辉顶点的过程; (2) 目标的设定不一定很具体,但一定要清晰,能够成为自己心中的一种景象; (3) 要清楚地知道这一目标对你的职业生涯发展具有什么样的意义,并用简短的话表述清楚; (4) 支撑这一目标实现的具体事件要具体清晰; (5) 要具体描述目标实现后的状态和景象,给自己一个可以时时向往的真实图景
长期目标	时间为5年以上的目标,它通常比较粗略、不具体,可能随着单位内外部形势的变化而变化,在设定时以画轮廓为主	(1) 目标有可能实现,有挑战性; (2) 对现实充满渴望; (3) 非常符合自己的价值观,为自己的选择感到自豪; (4) 目标是认真选择的,与社会发展需求相结合; (5) 没有明确规定具体的实现时间,在一定范围内实现即可; (6) 立志改变现状,有所突破
中期目标	一般为3~5年,它相对长期目标更具体一些,如参加一些旨在提高技术水平的培训并获得等级证书等	(1) 通常与长期目标保持一致; (2) 是结合自己的志愿和单位的环境及要求来制定的目标; (3) 以明确的语言来定量说明; (4) 对目标实现的可能性做出评估; (5) 有比较明确的时间,且可做适当的调整; (6) 基本符合自己的价值观,愿意公布于众
短期目标	通常指时间在1~2年内的目标,是中期目标和长期目标的具体化、现实化和可操作化,是最清楚的目标	(1) 目标切实可行、具体可操作; (2) 明确具体的完成时间; (3) 对现实目标有把握; (4) 服从于中期目标; (5) 目标可能是自己主动设定的,也可能是单位或上级安排、被动接受的; (6) 需要切合现实环境

续 表

目标分类	含义	主要特征
年目标	如果把月目标看作职业生涯发展的台阶,年目标就是职业生涯发展的平台。怎样由小的平台上升到更大的平台上去?这就是年度职业生涯发展目标设定时需要关注的问题。关注职业生涯发展的每一年就是关注自己的一生	(1) 年度职业生涯发展目标的设定要在对上一年工作进行全面总结和对未来发展环境、条件做深入细致分析的基础上进行; (2) 目标的设定要力求准确切实,弹性不可过大; (3) 每个目标设定后,要有具体工作做支撑,以保证所设定目标的实现; (4) 年度目标的设定要以三年乃至中长期目标为依据,保持各阶段目标的相互衔接和延续性; (5) 特别关注自己一年内想做的一两件让别人看得到、自己记得住的大事是什么,清楚地知道自己能用哪些具体的工作来实现它,能够恰当地运用最有效的方法来缩短与目标之间的差距
月目标	月目标是职业生涯规划的核心时段,如果每个月都能感觉到自己的进步,那么职业生涯发展就一定是必然的。每个月的职业生涯发展目标必须要切实地分解到每一周、每一天中去,并扎扎实实地落实好,这样才能获得可靠的职业生涯发展	(1) 每月结束时考虑下一个月的职业生涯发展目标,并填制目标设定表; (2) 目标要尽可能具体明确,说明达到什么程度; (3) 每项目标都要简短地说明设定这一目标对自己职业生涯发展带来的好处和完成这目标可能存在的问题和障碍,保证自己在完成任务时做到心中有数; (4) 要具体限定完成时间,同时要强调目标设定的月度概念,明确标注这是职业生涯规划的第几个月,强调自己职业生涯发展的阶段意识; (5) 月目标要根据年目标设定
周目标	周目标在职业生涯规划中是一个很重要的时间段目标,如果每周都能完成一个与自己的职业生涯密切相关的重要事项,职业生涯发展会更顺利,人生才能走得更扎实	(1) 要在每周结束时设定下一周的职业生涯发展目标,目标的设定不能拖延,应该先设定周目标,然后再根据周目标设定每日目标; (2) 每项目标都必须按轻重缓急的程度做优先排序,重要而又紧急的排在前面优先完成; (3) 目标必须具体明确,注重实现目标的细节; (4) 注明确切的完成时间; (5) 周目标要根据月目标设定
日目标	"每天进步一点点"是职业生涯规划的基本理念。首先要确定每天的目标,知道每天自己该干什么、能干什么,才能切实去做,完成每天的进步计划	(1) 认真填写时间,强化职业生涯发展中的时间观念; (2) 每项目标都必须按重要和紧急程度设定,优先完成必需的,努力完成重要的; (3) 每项目标必须具体详细,比如能力素质提高类中设定的目标是读一本书,就必须要确定读多少页,解决一个什么问题;在兴趣休闲类中设定的是练字,就要确定练一个什么字,写多少遍,达到什么程度。只有这样,这个目标设定才会有意义; (4) 每日职业生涯发展目标要与周目标相衔接,并努力把周目标细化到每日目标中; (5) 每日职业生涯发展目标应于本工作日开始前做出,最好能于上一日工作小结时一起完成

2. 职业生涯目标按性质分解

个人职业生涯目标按性质可以分为外职业生涯目标和内职业生涯目标。外职业生涯目标包括职务目标、工作内容目标、经济目标、工作地点目标和工作环境目标等。内职业生涯目标包括工作能力目标、工作成果目标、心理素质目标、观念目标等。详见表5-2：

表5-2 职业生涯目标按性质分解表

目标分类	含义	主要特征
外职业生涯目标	侧重于职业过程的外在的、可看得见的标识	外职业生涯目标主要包括：工作内容目标、工作环境目标、经济目标、工作地点和职务目标等。其中，职务目标通常需要具体化，如总经理即负责全面工作的管理人员，生产部经理或营销部经理等部门经理则是负责管理一个部门的管理人员。经济目标，如计划每年的年薪为10万元等
内职业生涯目标	侧重于职业生涯过程中的知识、经验的积累，观念的转变，能力的提高和内心感受。这些因素不是别人赐予的，而是自己通过努力获得和掌握的	内职业生涯目标主要包括： (1) 工作能力目标：如能够和上级领导无障碍沟通的能力、组织大型公共关系活动的能力、组织结构设计的能力等 (2) 心理素质目标：心理素质目标主要包括能经受住挫折，能够做到临危不惧、宠辱不惊。心理素质可以通过情绪智力的培训加以提高 (3) 观念目标：观念主要是指对人、对事的态度和价值观。观念目标指自己在工作学习中逐步形成一种什么样的观念或态度 (4) 工作成果目标：指发现和应用新的管理方法、创造新的业绩等。工作成果本身属于外职业生涯目标，但在取得工作成果的过程中取得的知识、经验等都属于内职业生涯目标，强调取得工作成果的内心的收获和成就感

外职业生涯目标和内职业生涯目标关系密切，内职业生涯目标的发展带动外职业生涯目标的发展，外职业生涯目标的实现可以促进内职业生涯目标的实现。

例如某同学的目标：在五年内成为某公司人力资源部经理助理，属于外职业生涯目标中的职务目标；30岁之前要赚20万，年薪达到8万，属于外职业生涯目标中的经济目标；能较好地发挥自身的优势，在正式场合实现无障碍沟通，有效管理团队，属于内职业生涯目标中的工作能力目标。

四、制订职业生涯目标的原则和方法

案例导入

某公司营销部经理制订的职业目标

职务目标：金牌营销总监。2004~2006年公司营销总监；2006~2009年行业争相追捧的职业经理人；2005~2010年金牌营销总监。

能力目标：能顺畅清晰地进行即兴演讲；能冷静利落地解决突发事件；能游刃有余

地处理协调各方面的关系。

成果目标:能获得中国营销界的"金鼎奖",能在国内权威营销类刊物上发表自己的心得和见解。

经济目标:前三年年薪以30%的年增长率递增,到2010年达到年薪30万元。

点评:这份职业目标设定清晰,时间坐标也非常明确,内外职业生涯目标如经济目标、职务目标等也很具体明确。

1. 制订职业生涯发展目标的原则

一只猫梦想成为狮子是不可能的,而一头瘦弱的狮子成为雄壮的狮子的梦想却并非妄想。对于职业生涯发展来说,那就要制订一个适合自己的职业生涯目标。职业目标设定有五条原则,将这五条原则的第一个英文字母连在一起,正好可以组合成一个英文单词——SMART,即"灵活"。这五条原则分别是:

Specific,目标的明确性,即要明确描述出所需完成的行动方案,如35岁取得副教授的资格;Measurable,目标的可测量性,即目标应该是可以衡量的,要有定量数据,如数量、质量、时间等;Achievable,目标的可实现性,即目标必须符合自己的主客观实际,因人而异,在可达到的范围之内;Relevant,目标的相关性,即目标要与个人职业发展的总体目标相联系;Time-bounded,目标的时限性,即目标要在特定的时间内完成。

2. 职业生涯发展目标的选择方法

一是择己所爱。从事一项你所喜欢的工作,若工作本身就能给你带来一种满足感,那么你的职业生涯也会从此变得妙趣横生。兴趣是最好的老师,是成功之母。调查表明:兴趣与成功有着明显的正相关性。在设计自己的职业生涯时,务必注意考虑自己的特点和兴趣,择己所爱,选择自己喜欢的职业。

二是择己所长。任何职业都要求从业者掌握一定的技能,具备一定的能力条件。而一个人一生中不能将所有技能都全部掌握,所以在进行职业选择时必须择己所长,从而有利于发挥自己的优势。充分分析别人与自己,尽量选择冲突较少的优势行业。

三是择世所需。社会的需求不断演化着,旧的需求不断消失,新的需求不断产生,新的职业也不断产生。因此,在设计自己的职业生涯时,一定要分析社会需求,择世所需。最重要的是,目光要长远,能够准确预测未来行业或者职业的发展方向,从而做出选择。

四是择己所利。职业是个人谋生的手段,在择业时,也要考虑自己的预期收益。明智的选择是在由收入、社会地位、成就感和工作付出等变量组成的函数中找出一个最大值,这就是职业生涯选择中的收益最大化原则。

五、职业生涯目标体系的建构

当我们基于自我探索、外界探索的结果,确立了一个职业生涯目标时,为了更好地实现这一目标,我们可以通过目标分解与目标组合建构一个职业生涯的目标体系。

1. 目标分解

> **案例导入**
>
> ### 远大目标，步步为营
>
> 　　1984年，在东京国际马拉松邀请赛中，名不见经传的日本选手山田本一出人意料地夺得了世界冠军。当记者问他如何取得如此惊人的成绩时，他说了这么一句话：凭智慧战胜对手。当时许多人都认为这个偶然跑到前面的矮个子选手是在故弄玄虚。马拉松赛是体力和耐力的运动，只要身体素质好又有耐性就有望夺冠，爆发力和速度也必不可少，说用智慧取胜确实有点勉强。
>
> 　　两年后，意大利国际马拉松邀请赛在意大利北部城市米兰举行，山田本一代表日本参加比赛。这一次，他又获得了世界冠军。记者又请他谈经验。山田本一性情木讷，不善言谈，回答的仍是上次那句话：用智慧战胜对手。这回记者在报纸上没再挖苦他，但对他所谓的智慧迷惑不解。
>
> 　　10年后，这个谜终于被解开了，他在自传中是这么说的：每次比赛之前，我都要乘车把比赛的线路仔细地看一遍，并把沿途比较醒目的标志画下来，比如第一个标志是银行；第二个标志是一棵大树；第三个标志是一座红房子……这样一直画到赛程的终点。比赛开始后，我就以百米的速度奋力地向第一个目标冲去，等到达第一个目标后，我又以同样的速度向第二个目标冲去。40多公里的赛程，就被我分解成这几个小目标，轻松地跑完了。起初，我并不懂这样的道理，我把我的目标定在40多公里外终点线上的那面旗帜，结果我跑到十几公里时就疲惫不堪了，我被前面那段遥远的路程给吓倒了。

　　职业生涯目标分解是根据观念、知识、能力差距，将职业生涯的大目标分解为有时间规定的长、中、短期分目标，直至将目标分解为某确定日期可以实施的具体步骤。目标分解是将目标清晰化、具体化的过程，是将目标量化成可操作的实施方案的有效手段。

> **案例导入**
>
> ### 明确目标，反向细分
>
> 　　一名大二的学生，学的是心理学，希望五年后成为一所大公司的人力资源专业人士，他是这样分解目标的：
>
> 　　2015年，跟一家大公司签上合约；2012年(大学毕业时)，获得一家公司人力资源部门的初级职位；2011年，争取进入一家公司的人力资源部实习；半年后，开始投递简历，寻求人力资源部门的实习机会；本学期，写好自己的简历，列出有可能提供相关信息的人际资源，并读一些与人力资源相关的书籍。

2. 目标组合

目标组合是将若干分解后的阶段性目标按照内在的相互关系进行时间上或功能上的组合,达成更为有利的可操作性目标,以便于我们集中时间、精力和其他资源,去实现最有益的或最有把握的目标。目标组合包括时间上的组合和功能上的组合。

(1)时间上的组合。职业生涯目标在时间上的组合可以分为并进组合和连续组合两种。

其一,并进组合。并进是指同时着手实现两个或多个分目标。如2010年春季教育学专业大二的学生小陈希望毕业20年后成为心理学教授,小陈自我感觉精力和能力都不错,希望2012年能顺利毕业,同时能考取心理学专业的研究生。目前,小陈同时着手实现的目标就有两个,一个是学好教育学顺利毕业,一个是考取心理学专业的研究生。并进组合一般有利于个人开启潜能,在同样的时间内迎接更大的挑战,但如果精力分配不合理,将不利于目标的实现。

其二,连续组合。连续是指用时间做纽带,将各个目标前后连接起来,有序地实现各个目标。如前文小陈希望毕业20年后成为心理学教授,那他第一个目标是获得进入高校从事教学这一工作的机会,第二个目标是评上心理学讲师,第三个目标是评上心理学副教授,第四个目标是评上心理学教授。只有完成前一个具体设计的目标,才能紧接着完成下一个具体设计的目标。

(2)功能上的组合。职业生涯目标在功能上的组合可以分为因果关系组合和互补关系组合两种。

其一,因果关系组合。有些分目标之间有非常明显的因果关系,通常情况下,内职业生涯目标是因,外职业生涯目标是果。例如小A如果进入高校从事教学工作,随着工作能力提高,工作成果显著,职务得到了提升,工资待遇也会得到提高。这里可以表现为如下的逻辑关系:"工作能力提高→工作成果目标显著→职务提升→达到经济目标"。

其二,互补关系组合。就是把存在互补关系的目标进行组合。例如小A如果进入高校从事教学工作,希望成为讲课能手,同时又获得在职心理学博士学位,这两个目标之间存在着直接的互补关系。因为教学为在职心理学博士学位的理论学习提供了实践基础,而在职心理学博士学位的理论学习又丰富了教学实践的理论性。它们并行存在,互不矛盾。

通过目标分解与目标组合建构一个职业生涯的目标体系,为了实现职业生涯目标,还需要制订一系列的行动方案。

项目训练

构建个人职业生涯目标体系。

第三节　职业生涯规划书的撰写

就像你开车出远门前带上的地图或向导图一样，规划的内容和结果应该在规划过程中及规划后形成文字性的方案，以便理顺规划思路，提供操作指引，及时评估与修正。那如何对规划进行描绘呢？这就涉及职业生涯规划书的撰写。

职业生涯规划书的撰写，是付诸书面的职业生涯规划过程。通过职业生涯规划书，大学生可以将自己对未来的规划进行设计和陈述，既可以接受师长的指导，又能与同学切磋交流，还可以作为生涯发展的纪录，以阶段性的成果形式呈现出来，为下一步的发展指明方向。

作为一种书面表达方式，大学生职业生涯规划书有一些基本的规范要求，以保证规划书能够全面反映职业规划的基本信息与内容。当然写作时在遵循规划书的基本范式并涵盖其基本内容的同时也可以张扬自己的个性。那么现在就让我们一起来学习职业生涯规划书的撰写。

一、职业生涯规划书的内容

职业生涯规划书主要包括扉页、目录、正文三部分。

1. 扉页

（1）标题。包括规划者的姓名、规划年限，如"××大学毕业后的五年规划"。写清规划者的姓名，是强调规划者的主导心态。写清规划年限，是为了说明规划是阶段性的还是终身性的。规划年限不分长短，可以是半年、三年、五年，甚至是二十年，视个人的具体情况而定。建议大学生规划年限为三至五年。

（2）个人资料。包括姓名、性别、出生年月日、学校、院系、电话、电子邮件等。

（3）时间。包括规划的起始日期、终止日期、年龄跨度、撰写时间。其中，起始日期可以详细到年月日，终止日期写到年就可以了。最好写上年龄跨度，如从20岁到25岁，目的是提醒规划者，人的生命周期是单向的和不可逆的，强调时间的紧迫性。具体写作可参考表5-3。

表5-3　扉页（大学毕业后的五年规划）

个人基本资料
姓名：_____　　性别：_____　　出生日期：　　年　　月　　日 学校：_____　　院（系）：_____ 电话：_____　　电子邮件：_____ 起始日期：_____　　终止日期：_____　　年龄跨度：_____ 撰写时间：　　年　　月　　日

2. 目录

为了阅读的方便,将正文部分的内容提炼后列成目录。具体写作可参考表5-4。

表5-4 目录

总论(引言)
一、自我探索
兴趣 能力 性格 价值观 自我探索小结
二、外界探索
家庭环境分析 学校环境分析 社会环境分析 职业环境分析 外界探索小结
三、职业定位
SWOT 分析 职业目标 职业发展策略 职业发展具体路径
四、计划实施表
五、评估调整
评估的内容 评估的时间 调整的原则 备选方案
六、结束语

3. 正文

正文包括引言、自我认知、外界探索、职业定位、计划实施、评估调整与结束语。其中,自我认知、外界探索、职业定位、计划实施、评估调整是职业生涯规划书的重点内容。

(1)自我认知。职业规划是一个自内而外的过程,即首先要理清自己期望达成的生涯目标是什么,自己具有哪些职业特质,然后去寻找、调适自己的生涯发展行动。这里的"内"一般包括了解自己的兴趣、能力、性格、价值观、优劣势等内容,具体写作可参考表5-5。

表 5-5 自我认知

大学期间应该学会的十件事
1. 职业兴趣——喜欢干什么
结合人才测评报告以及××分析方法,我对自己进行了全方位、多角度的探索。 我的人才素质测评报告中,职业兴趣前三项是××型(×分)、××型(×分)和××型(×分)。我的具体情况是……
2. 职业能力——能够干什么
我的人才素质测评报告结果显示,××能力得分较高(×分),××能力得分较低(×分)。我的具体情况是……
3. 性格——适合干什么
我的人才素质测评报告结果显示……我的具体情况是……
4. 职业价值观——最看重什么
我的人才素质测评报告结果前三项显示是××取向(×分)、××取向(×分)和××取向(×分)。我的具体情况是……
5. 胜任能力——优劣势是什么
我的优势能力: 我的弱势能力:
6. 自我认知小结

"自我认知"部分的注意点如下:

第一,自我认知理论、模型运用要正确、合理。职业生涯规划是一个借助科学工具探索自己和周围世界的过程,因此要善于使用科学工具,运用要合理。如"兴趣",我们可以参考霍兰德(Holland)的兴趣理论;"性格"可以采用 MBTI 测评;"价值观"可以参考舒伯的价值观分类理论,在本书的第二章,介绍了一些关于认识自我的模型,可以参考。

第二,自我认知需将自我特质与职业环境相联系。在职业生涯规划中,探索自我的目的是为了进行初步的职业定位,而不是为探索自我而探索,要关注自我与职业环境两者的联系。

第三,综合心理测评的量化分析与自我的质化分析,用生活事件与经历来说明自己的特质。人是被经历影响和塑造的,而不是被模型决定的。测评只是一种外源性的参考,而非决定性因素,重要的是用生活中的事件与经历来证明自己有某方面的特征。如可以根据霍兰德职业兴趣测评,测出自己的职业兴趣。列出自己的职业兴趣前三项是××型(×分)、××型(×分)和××型(×分)。但是,在职业生涯规划书中,如果只是把这个测评结果罗列出来,其意义并不大。因为测评只是自我分析的工具,测评的结果也只是参考。接下来,我们需要对前三项类型进行阐释,并与实际生活经验相对照。比如,作为现实型(R),你曾经有哪些生活事件可以说明。也许,你是一个擅长拆卸组装机器玩具的好手,或者是一名运动健将。而作为经营型(E),想想是否在学校就是各种活动的组织者,喜欢说服别人。

第四,自我认知时可以适当考虑他人的评价内容,比如同学、朋友、师长的意见。

第五,自我认知不是一两次心理测评就可以解决的事情,而是要贯穿整个职业生涯过程的。

(2)外界探索。通过对自我特征的分析,我们对"知己"已经有了一定的把握,接下来就是"知彼"的层面了。主要包括家庭环境分析、学校环境分析、社会环境分析、职业环境分析,并进行外界探索小结。具体写作可参考表5-6。

如:参考人才素质测评报告建议以及通过××等途径和方法,我对外界进行了较为系统的探索分析。

表5-6 外界探索

1. 家庭环境分析 如经济状况、家人职业、家庭社会关系网、家人期望等以及对本人的影响
2. 学校环境分析 如学校特色、专业学习、实践经验等
3. 社会环境分析 如就业形势、就业政策、竞争对手等
4. 职业环境分析 行业分析(如××行业现状及发展趋势,人业匹配分析) 职业分析(如××职业的工作内容、工作要求、发展前景,人岗匹配分析) 企业分析(如××单位类型、企业文化、发展前景、发展阶段、产品服务、员工素质、工作氛围等,人企匹配分析) 地域分析(如××工作城市的发展前景、文化特点、气候水土、人际关系等,人城匹配分析)
5. 外界探索小结

"外界探索"部分的注意点如下:

第一,外界探索,不是没有目标地探索分析自己的家庭、学校、社会、职业环境,而是基于自我了解的定向,进行有针对性的探索分析。如根据自己的兴趣,先寻找到适合自己的职业环境领域,然后着重对这些环境的信息进行搜集并分析,最后再反过来思考环境对自己的新要求是什么。

第二,家庭环境分析,具体而言,可以分析自己的家庭经济状况、家人职业、家庭社会关系网、家人期望等。需要强调的是,所有这些环境分析,都要与自己的职业生涯发展相联系,而不是纯客观的分析。比如同样是家庭经济状况一般的两名同学,家庭经济状况一般只是一个客观事实,但与自己联系之后却有不同的选择,如甲同学为了改善家里的经济状况,打算大学毕业后直接工作,且对工作的经济报酬有一定要求,而乙同学则立志走一条读研、读博的道路,以便将来有长远的发展。这两种分析都将客观的环境分析与自身的职业发展规划联系了起来,都是符合自身实际的。

第三,学校环境分析,主要分析学校特色、专业学习、实践经验等。即使是在同一所学校的同一个专业,由于内在自我的不同,外界投射到自我的结果也不同。因而在对学校环境进行分析时,也要联系到主观自我的部分,与职业生涯发展的关系。此外,学校环境的分析有双重含义:一是学校环境本身就是我们探索的对象,尤其对于大学低年级学生或者准备继续升学的高年级学生来说,学校环境即其"发展环境"的一部分;二是学校环境也是大学生发展职业或学业的资源性因素,如学校可以提供提升多方面能力与获取多方信息的资源库,是我们成长与发展的背景与平台。从探索对象与发展平台两个角度去分析学校环境,会有不同的侧重点,前者关注的是"它是什么",后者侧重"它可以为我提供什么"。

第四,社会环境分析,主要分析就业形势、就业政策、竞争对手等。社会环境包含的面非常广,较难把握。在撰写职业生涯规划书时,主要选择与自己的职业生涯发展密切相关的环境和事件加以分析,不需要把所有的事情都论述清楚。关键是要对这些环境事件有自己的分析与思考,而不仅仅是陈述或摘录事实。表述要求是言简意赅、突出特色,但意思要表达充分。

第五,职业环境分析,对于职业环境的分析要遵循从宏观到微观的渐进性,从行业、职业,到单位、岗位等。宏观的环境因素为小环境提供了发展背景,而对于职业的探索,只有具体到较微观的部分(如某个岗位、某个专业方向),才是比较有效的、有导向性的。

(3)职业定位。职业定位包括SWOT分析、职业目标、职业发展策略、职业发展路径及具体路径等内容。具体写作可参考表5-7。

综合自我分析与职业分析的主要内容得出本人职业定位的SWOT分析结果:

表5-7 职业定位(大学期间应该学会的十件事)

内部环境分析(S—W) \ 外部环境分析(O—T)	机会(O)	威胁(T)
优势(S)	优势机会策略(S—O)	优势威胁策略(S—T)
劣势(W)	劣势机会策略(W—O)	劣势威胁策略(W—T)

结论：

职业目标	举例：五年后在××行业达到××职位
职业发展策略	举例：进入××类型的组织（到××地区发展）
职业发展路径	举例：走专家路线（管理路线等）
具体路径	举例：××员——初级××——中级××——高级××

"职业定位"部分的注意点如下：

第一，SWOT分析是基于一定职业生涯目标的分析。

第二，SWOT分析之后是SWOT策略分析，只有完成后者，它的价值方能体现出来。

第三，职业生涯目标制订要客观、明确，职业发展路径应符合逻辑与现实。

(4) 计划实施。"生涯是你采取行动或者不采取行动的结果"，所有的思考只有变成行动才是有意义的。在职业生涯规划书中，计划实施指对如何实现自己的职业生涯发展目标制订一个详细而又切实可行的行动计划和策略方案。包括计划名称、时间跨度、总目标、分目标、计划内容、策略和措施等。具体写作可参考表5-8。

表5-8 计划实施

计划名称	时间跨度	总目标	分目标	计划内容（参考）	策略和措施（参考）	备注
短期计划（大学计划）	20××年～20××年	如大学毕业时要达到……	如大一要达到……大二要达到……或在××方面要达到……	如专业学习、职业技能培养、职业素质提升、职业实践计划等	如大一以适应大学生活为主，大二以专业学习和掌握职业技能为主，或为了实现××目标，我要……	大学生职业规划的重点
中期计划（毕业后五年计划）	20××年～20××年	如毕业后第五年时要达到……	如毕业后第一年要……第二年要……或在××方面要达到……	如职场适应、三脉积累（知脉、人脉、钱脉）、岗位转换及升迁等	省略	大学生职业规划的重点
长期计划（毕业后十年或以上计划）	20××年～20××年	如退休时要达到……	如毕业后第十年要……第二十年要……	如事业发展，工作、生活关系，健康，心灵成长，子女教育、慈善等	省略	方向性规划
详细执行计划如下： 本人现正就读大学×年级，我的大学计划是……						

"计划实施"部分的注意点如下：

第一，行动计划选择要以职业生涯发展目标为准绳。职业生涯发展的行动计划是为实现职业生涯发展目标服务的，不是为了好看，也不是为了貌似严谨有序。在制订行动计划时，必须根据自己的职业生涯发展目标以及自己与目标之间的差距，有的放矢，有针对性地采取行动,使自己的每一步行动都朝目标近一点。

第二,根据目标需求,确定行动策略。确定行动策略时,要围绕目标要求进行选择,比如根据目标对个人的知识、技能和人际交往能力的要求,确定自己的行动策略和方案。对于大学生来说,在校期间主要是进行知识的积累和能力的锻炼,在大学毕业初期则要完成从学生到职业人的转变。

第三,平衡各个目标,使其协调发展。人生在世,要承担的角色非常多,在外是职员,在家是儿女、父母等,由此决定了不同角色会有不同的要求和目标,如职业目标与家庭目标、职业目标与生活目标等。因此,在撰写职业生涯规划书时,应该尽量将不同角色下的发展目标协调起来,以免出现太多的目标冲突。

第四,行动策略与行动计划要清晰、明了、准确。既然是职业生涯规划书,当然要让自己比较轻松地看明白其中的要点,特别是行动策略和行动计划,还要有利于执行。要在行动策略、行动计划与职业发展目标之间建立起内在的因果关系。另外,行动策略和行动计划毕竟不是工作日程安排,因此必须注意繁简合理、详略得当。如果写工作日程安排表性质的行动计划,一方面显得很琐碎,使人眼花缭乱;另一方面,不可能保证未来的每一天都能按照计划进行,现在就把未来一段时间甚至是未来几年的每一天都安排好,看起来很具体,但实际上不可行。

(5)评估调整。职业生涯规划是一个动态的过程,必须根据实施结果的情况以及相应变化进行及时的评估与调整。主要包括评估内容、评估时间、调整原则、备选方案,具体写作可参考表5-9。

表5-9 评估调整

评估条目	具体内容
评估内容	职业目标评估(是否需要重新选择?)假如一直……那么我将…… 职业路径评估(是否需要调整发展方向?)当出现……的时候,我就…… 实施策略评估(是否需要改变行动策略?)如果……我就…… 其他因素评估(身体、家庭、经济状况以及机遇、意外情况的及时评估)
评估时间	一般情况下,我定期(半年或一年)评估规划; 当出现特殊情况时,我会及时评估并进行相应的调整
调整原则	
备选方案	

"评估调整"部分的注意点如下:

第一,调整不是360度大转折,而是在利用原有优势和条件的基础上优化组合,在调整中达到提升。

第二,备选方案应该是积极的,备选方案的制订,也应该是一个深思熟虑的"自内而外"的规划过程。比如在前面"自我认知"部分,你得到许多推荐的职业,从中选择出自己的最佳方向。那么在制订自己的备选方案时,你需要再选出第二个方向。

需要注意的是,规划书内容的顺序与规划的步骤可以不完全一致。职业生涯规划是先进行自我认知与外界探索,然后才确立职业目标;而规划书内容的顺序也可以先写出职业方向和总体目标,然后再写出自我认知和外界探索的结果。其实,这并不矛盾。因为规划书的形成是建立在按正常步骤进行规划的基础之上的,而将职业方向与目标提前,是为了阅读上的方便,突出核心主题——规划的目标,这样做也有利于与实施方案进行对照、检查和修订。

二、写作时常出现的问题

从近两年大学生职业生涯规划大赛的参赛作品来看,生涯规划书的质量不断提高,但也存在着不少问题,比较常见的问题主要有以下六个方面:

1. 现实发展与未来职业生涯目标选择不统一,逻辑性不强

主要表现在:没有把自己过去做过的和现在正在做的,而且与未来的职业生涯发展目标有密切关系的"亮点"展示出来。特别是不少职业生涯规划书前后不连贯,缺乏逻辑性,虽然前面用了许多笔墨来论证,却无法让人看过之后自然地得出其职业生涯选择是合适的结论。

2. 对目标职业及其所处行业的认识不到位,分析不透彻

大多数同学在分析社会环境和就业形势时,只是对当前我国的就业形势及大学生的就业形势泛泛而谈,而对自己的目标职业及所处行业的特点、要求及面临的形势分析不够或不到位。

3. 个人素质测评结果与职业生涯发展目标选择之间的联系不够紧密

既然个人素质测评是个人职业生涯规划的重要依据,那么,个人素质测评结果与职业生涯发展目标选择之间应该有比较密切的逻辑联系。现实中,有些同学在撰写职业生涯规划书时,不知道如何处理个人素质测评结果,无法把个人素质测评结果与职业生涯选择的论证过程融合在一起。

4. 目标选择不够客观、明确

问题主要表现为:有的同学职业生涯目标模糊不清,在职业生涯规划书中一会儿希望成为一名公务员,一会儿希望自己成为一名人民教师……有的同学的职业生涯目标定得太大,这部分同学过于自信,结果往往难以成功。目前,比较多的同学属于第二种,要做总经理、总设计师、科学家……似乎觉得如果目标不光辉灿烂就不是一份好的职业生涯规划书。

5. 行动策略和职业发展路线描述不当

行动策略和职业发展路线描述不当主要表现在:或是过于简单,不够清晰、明了;或是变成了工作日程表,过于繁杂。而更多的是过于繁杂。对于一份职业生涯规划书而言,描述的应该是相对宏观、长远的规划,没有必要把每天的安排都写进去。

6. 对评估调整部分重视不够,甚至是草草收场,以致虎头蛇尾

职业生涯规划书中的"评估调整"部分就像演员在戏台上演戏时的收场。一名优秀

的演员在收场时一定是不慌不忙、有板有限、毫不含糊的;否则,前面的戏演得再好,观众也会觉得有些失望,甚至喝倒彩。然而,有些同学在撰写职业生涯规划书时,对论证过程非常重视,却忽视了结尾的"评估调整"。

最后是行动!即要对规划结果一以贯之地实施并灵活机动地调适。再长的路,一步步也能走完,再短的路,不迈开双脚也无法到达。行动!行动!再行动!

案例导入

结伴而行

[制订规划]了解了自己,认识了外界,学习了职业定位和职业决策,小C和小L准备投入实际的行动中,他们找到了G老师,向她请教行动前还有什么注意事项。此时,G老师布置两人列出从大学到未来的计划方案,即行动纲领。

一、小C的计划实施表(见下表)

小C的计划实施表

计划名称	时间跨度	总目标	分目标	策略和措施
短期计划:完成研究生阶段的学业	2006~2009年	研究生毕业时要具备相应的专业知识和足够的工作能力	(1)研一时要扎实学习专业知识,适当参与专业项目;(2)研二时深入钻研专业知识,同时多增加实践活动;(3)研三完成毕业论文顺利毕业,同时找到比较满意的工作	(1)研一时上好专业课,同时补充英语知识,提高英语能力,对导师的一些项目有所接触,增加专业感;(2)研二上学期要继续深入研究专业方面的课题,同时为毕业论文的开题做准备,参加一些学校代课或企业讲座的实践;研二下学期开始着手论文的撰写,同时找一份较为稳定的实习工作;(3)研三上学期主要进行毕业论文的撰写工作,同时进入就业市场寻找工作机会;研三下学期完成论文的答辩,并签约
中期计划:完成博士学位,成为讲师	2009~2015年	争取取得博士学位,在大学里评上讲师职称	(1)毕业头两年在大学里认真工作;(2)毕业第三年开始考虑读博;(3)毕业第四、第五年完成读博	(1)毕业头两年在家乡某所大学里争取做好辅导员岗位的工作,同时进行一些专业方面的科研学习;(2)毕业第三年准备为考博做复习工作;(3)毕业第四、第五年合理安排好读书、工作和家庭的各个方面,顺利完成博士学业,争取由辅导员转向教学科研岗位
长期计划:成为大学教授	2015~2045年	退休时做到教授职称,并成为本地区该专业的带头人	(1)毕业后第一个十年要在专业上有长足进步,争取评上副教授职称;(2)毕业后第二个十年要争取成为本地区行业内的权威,评上教授职称;(3)毕业后第三个十年准备迎接退休,继续进行科研	(1)毕业后第一个十年除了要搞好科研,同时要增加和企业合作的机会,增加到企业讲座和培训的经验;(2)毕业后第二个十年要将教学、科研和企业锻炼更好地结合起来,巩固自己在专业上的能力;(3)毕业后第三个十年要静下心来,全心全意回到科研的重心上来,吸收更多更新的专业知识,多做一些专业科研,为后人的专业学习提供帮助和指导

二、小 L 的计划实施表(见下表)

小 L 的计划实施表

计划名称	时间跨度	目标	策略和措施
短期计划:大学学涯阶段	2006~2010 年	拥有充实的大学四年生活,培养良好的专业技能、沟通表达技能,提高对社会的认知度	(1) 大一时,认真完成各项课业,学分绩点 3.0;加入一个优秀的学生组织,如校团委组织部;参加一次社会实践活动; (2) 大二时,认真完成各项课业,学分绩点较大一要有所进步;取得 C++ 等级考试、外语等级考试资格证书;在学生组织中担任学生干部,加强与辅导员等的联系;暑期找到正式工作单位进行实习
中期计划: 分为两个阶段,阶段一:进入部队,担任技术类军官 阶段二:退伍后进入自动化相关行业,从事技术或管理工作	2010~2028 年	培养以部队经历、专业技术、沟通能力、管理能力等为核心的综合实力,作为自己的核心竞争力	(1) 适应部队环境,提高专业技能,培养意志品质,积累人脉资源; (2) 积累社会资源,学习管理方法,赚足够的钱赡养父母,为创业做准备
长期计划:创业阶段	2028~2058 年	组建团队开创自己的事业,以自动化行业为创业首选行业	(1) 组建自己的创业团队,开办一家科技型销售企业,以较小的企业代理为回资渠道,并以此摸索经验,积累财富,谋求以后更大的发展; (2) 通过人脉资源等承接较大型科技企业的销售代理,且代理地域范围从市级提高到省级; (3) 公司进一步发展,成为全国乃至全球某一地区的级别代理,发展公司后续力量,培养公司接班人; (4) 从执行官转为股东,参与重大事务的决策工作

"G 老师,谢谢您对我们的指导和关心,谢谢!"小 C 和小 L 不约而同地对 G 老师讲出心里话。带着计划实施表,他们走出办公室并经过最终的讨论,小 C 和小 L 决定将他们的行动方案贴到各自的床头上,提醒自己,督促自己。

[初见成效] 目前,小 C 和小 L 都已经进入了工作岗位。小 C 成为家乡高校的一名辅导员,小 L 成为一名技术军人,两人都在朝着自己的职业目标迈进。其实他们只是我们万千同学的缩影。在他们身上,我们会看到自我认知的不易,也会知道外界探索的复杂,更能体会到职业生涯规划对人生发展的重要性。

回顾他们规划和行动的过程,小 C 的自我统整(兴趣、能力、性格、价值观等)比较一致,方向明确,在职业发展中将走一条由事务转科研的专家化路线。

而小 L 经历了自我与外界不平衡、理想与现实冲突这条跌宕起伏的道路,终于找到了平衡它们的方向,他将像海豚一样经历一段时间的沉浸和磨炼,最终实现内心真正渴望的创业理想,所谓"潜得越深、跃得越高",相信他也一定会成功。

小 C 和小 L 的职业生涯规划都不是一步到位的。他们的成功源于平时的积累,所谓"不积跬步,无以至千里"。能否迈至千里,还需要我们有高屋建瓴的远见和海纳百川的气魄。所谓"远见",便是我们最初规划的纲;所谓"气魄",是需要我们保持开放、弹性、灵活,去接纳外界的变化。

项目训练

撰写个人职业生涯规划书。

阅读与鉴赏

1. 《职业锚——发现你的真正价值》,[美]施恩著。
2. 《晨间日记的奇迹》,[日]佐藤传著。
3. 观看电影《肖申克的救赎》。

思维拓展

有人说:"人终有一死,规划不规划最终的结果都一样。"你是如何认为的?

行动与任务一

根据自己的情况完成职业生涯规划书的写作。

行动与任务二

二维码内含学习任务、经典案例、拓展作业,快来扫一扫!

生涯规划书范文

大学生职业生涯发展规划

主编 肖尚军 张 丹

第6章
职业规划的评估与修正

学习手册

南京大学出版社

第6章
职业规划的评估与修正

引 导 语

听音频

规划评估与修正

制订职业规划是为了发展，调整规划也是为了发展。在职业生涯的每个阶段，为适应社会变化，必须经常思考"我要怎么做""我的下一个工作要做什么""当我做现在的工作时，能为下一个工作做什么准备"等问题，主动去调整职业生涯规划。调整规划并非轻易放弃自己的追求，而是让自己的规划更适应社会、更适合自己。万万不可因为外界的变化而丧失信心，怨天尤人，自暴自弃。

科学进步的重要标志是新技术、新工艺在生产中的广泛应用和推广。人们的就业岗位或因新技术、新工艺的运用推广，或因设备的更新，或因其任务、职责的变化而对就业者的要求发生变化。每一次变化，都会引起一些人不适应正在从事的职业而流动，而他们对新职业也要有一个适应的过程，如果适应不了就还会继续改变职业方向。

面对变化多端的职业岗位，自己到底适合干什么，不适合干什么，也还需要经过实践的考验。

> 神农氏没，黄帝尧舜氏作。通其变，使民不倦，神而化之，使民宜之。易穷则变，变则通，通则久。是以自天佑之，吉无不利。黄帝尧舜垂衣裳而天下治，盖取诸乾、坤。
> ——《周易·系辞》

在职业生涯进程中，无论是社会、组织环境，还是我们自己，都会经常发生这样那样的变化，其中很多变化是我们事先难以预测的。这些不确定因素的存在可能会使实际结果偏离原来的规划目标。这就要求我们时时注意内外部环境的变化，不断地审视自我，不断地调整自我，不断地修正策略和目标，这个过程就是反馈评估与修正。作为个人职业生涯规划的最后但并非终止步骤，反馈评估与修正过程确保了个人职业生涯规划的有效性。

进行生涯反馈评估的根本目的就是让自己时刻保持最佳状态，在通向最终目标的生涯大道上跨越障碍，走得直，走得快，走得稳，谋求可持续发展。

在职业生涯中，经常进行反馈评估很容易使我们发现改善的途径，包括：确定精确的位置,判断实际行为效果与期望值的偏差;探究导致失败结果的根本原因;采取及时、适当的纠正措施;调整策略,改变行动等。

有些问题,必须在探索途中才能找到答案,如:你正在做的是最想做的事吗?你真的适合这个职业吗?你能如期完成既定目标吗?是否将重心放在了最重要的地方?

经常自省是必要的。根据自己的短期规划,宜在每一个规划阶段进行一次系统全面的反馈评估,如每年或每半年进行一次。即在工作努力一段时间之后,有意识地回顾得失,检查验证前期的策略措施执行效果,纠正分阶段目标中出现的偏差。

第一节 调整职业生涯规划的作用和意义

案例导入

小鹏该怎么办?

小鹏从某院校的计算机软件设计专业毕业后,已经工作8年了,目前他在一家不出名的电脑公司里做软件开发。他对自己的职业没有太多的规划,只是感觉自己对这个行业有兴趣,希望做一名软件设计师。最初几年,他可以轻松地完成自己的工作,常常有一些成就感。几年前,由于社会上对IT产业十分看好,和他同专业的朋友和同学都很羡慕他留在这个前景看好的行业,让他有一些沾沾自喜,但是这种优越感并没有维持多久。身边的朋友和同学相继在其他行业开了自己的公司,虽然他们起步艰难,但是这两年都渐渐发展起来了。看着朋友和同学的成绩,自己的工作和职位却不见太大起色,小鹏心里也开始着急了。而且最近几年新技术发展很快,他开始渐渐感觉到自己的知识更新跟不上新来的员工,工作对他来讲只是一个谋生的基本工具。到今天,他感觉自己继续这样下去不会有太大的发展,他该怎么办呢?

如果我们希望自己的职业发展顺利,那么一定要意识到什么时候需要奋力前进,什么时候需要暂时停下来反思,不能在定下目标以后只顾闷头前行。无论小鹏将来做出怎样的选择,在他自己感到没有发展空间和机遇的时候,确实需要静下来,想想自己下一步应该怎样走。我们需要思考职业生涯规划什么时候需要调整、如何调整、该怎样规划。

影响职业生涯规划的因素很多,有的变化因素是可以预测的,有的变化因素则难以预测。要使职业生涯规划行之有效,就需不断地对职业生涯规划进行评估、修正。调整的内容包括发展目标、发展阶梯、发展措施,调整的依据是职业生涯发展的内、外条件的变化。

一是外界环境的改变。世事多变,世界每天、每时都在发生着变化。远到社会经济结构的发展、科学技术的飞跃、政治形势的突变、国家政策的调整、法律制度的调整;近到所在企业组织的制度调整、领导人更换、产品方向调整;乃至个人家庭、健康、能力水平的变化,无不影响到个人职业生涯的发展。那些意外发生的变化常常令我们束手无策,并直接影响到个人职业生涯规划的执行过程和结果。

人生不能重来,先前计划的不完整、对自我和环境认识的不全面、未能坚持计划、策略方案的失误、没能调动全部力量,所有这些失误都可能导致预期目标的流产。这就要求我们自觉地总结经验和教训,不断修正策略,甚至必要时修正目标。

二是自身境遇的改变。在职业生涯发展的各个阶段,从业者应经常称称自己的"斤两",并分析所追求的目标及人生价值实现的情况。工作一段时间,就必须反省:自己喜欢的工作到底是什么?自己的专长是什么?现在的工作对自己的重要性、家庭对自己的重要性如何?有哪些工作机会可供选择?与工作有关的其他考虑呢?存在的威胁是什么?许多不成功的职业生涯规划都源于自己对外界变化分析的忽视。调整职业生涯规划的实质就是要通过对以往成长经验的反省,检视自己的价值,以适应新的变化。

一、调整职业生涯规划的必要性

调整职业生涯规划的必要性包括以下几点:

(1) 职业生涯规划是一个动态的概念,需要不断根据内外界变化做出调整。规划职业生涯不是一劳永逸的。事物都是处在运动变化中的,职业生涯规划也要随着时间的推移而变化。由于大学生正处于对自己、对社会的认识之中,自身的价值观也处于形成时期,加之现实的种种不确定因素,原来制订的职业生涯目标有时会与实际情况有所偏差,这就需要及时对规划做出调整,从而保证个人的职业生涯顺利发展,并最终实现人生的最高理想。

(2) 职业生涯的不同阶段会面临不同的挑战和机遇,灵活的调整可以让特定阶段的目标更现实可行。职业生涯目标是分阶段的,每个阶段都面临着无数不可预测的因素。由于自身及外部环境条件的变化,在工作的几十年间,有时人们会根据一定的期望或新的需要对工作做出调整,这都是很普遍的。如个人的计划或兴趣改变、家庭的突发事件、婚姻状况的改变、孩子的出生、孩子离家读大学、配偶的去世、被解雇、退休等事件都会迫使人们调整对生活的期望。成熟的个体能够认识到应该怎样安排自己的生活和工作,他们会调整自己以求适应种种变化。

(3) 职业生涯规划的调整有利于实现自我价值的最大化。做规划的最终目的是希望自己的能力得到最大限度的发挥,实现自我价值。在人的一生中,兴趣、能力和目标是随着年龄的增长而变化的。具体来说,一个 20 岁的人定的目标,对于 20 岁的他也许是有一定的挑战性,但是 10 年、20 年之后再来看这个目标,可能会感到不满意,因为随着知识、能力、经验、资历和自信心的增长,个人对自己的期望也越来越高,一定会对自己的职业生涯提出更高的要求。更高的期望和要求就意味着更多的挑战,意味着新的机遇和目标,有利于自我实现和自我价值最大化。

二、调整职业生涯规划的时机与思考

对于初次走上社会的毕业生而言,职业生涯规划调整的最佳时期有两个:一是毕业前夕,有了求职的实践,根据新的就职信息和供需实际,在求职过程中进行调整;二是工作3~5年,有了从业的经验,根据从业过程对自身条件的检验,根据周围环境和自身素质的变化,及时予以调整。两次调整,既可以是近期目标即具体岗位的调整,也可以是远期目标或职业生涯发展路线的调整。

在上述两个时期中,毕业生常会感觉在校期间所定的职业生涯规划与实际有距离,甚至相差甚远。产生这种感觉的原因主要有三种:一是在进行职业生涯规划时,对实际了解得不够;二是环境和本人都有了比较大的变化;三是自己还没完成从"学校人"到"社会人"的转换。如果是前两个原因,应认真调整职业生涯规划。如果是第三种原因,即并非规划脱离实际,而是自己没能及时完成角色转变,则应首先着力加快适应社会步伐,加快完成角色转变,然后再考虑是否调整规划。

在工作3~5年时期调整职业生涯规划的原因主要有三个:一是毕业生初次择业,难以找到十分适合自己的职业,初次上岗的从业实践,又证实自己很难按照现有岗位对从业者的要求调整自己,即难以做到人职匹配,很难在现有岗位上得到发展;二是在校时设计的职业生涯规划,毕竟是从学生的角度看社会,自己确定的职业发展目标是否符合实际,缺乏实践检验;三是已有从业经历,对社会、对人生有了切身体验,有了更深刻的认识,对职业生涯发展目标有了新的追求。因此,在就业3~5年后,重新审视自己,及时调整发展方向,对今后几年的职业生涯有重要意义。

"多高的墙多深的基",职业发展的关键在前五年。针对成功经理人的调查发现,他们中近87.1%的职业生涯呈现这样的轨迹:前2~4年处在基层职位,第五至第六年任主管,第七至第九年出任经理或高级经理,第10至第12年任总监或副总,第13至第20年坐上总经理的位置。

就在一个公司内调动工作岗位而言,职业生涯发展路线有三种选择:一是纵向发展,即职务等级由低级到高级的提升;二是横向发展,指在同一层次不同职务之间的调动,如由部门经理调到办公室任主任,这种横向发展可以发现自身才能与工作的最佳结合点,同时又可以积累各个方面的经验,为以后的发展创造更加有利的条件;三是向核心方向发展,虽然职务没有晋升,但是技术水平、业务能力和工作经验有了提升,在业务上担负了更多的责任。前两种选择,实际上是沿管理路线发展,第三种选择是沿专业技术路线发展。

1. 调整职业生涯规划的时机

如果你遇到下面一些情况,也许就到了需要调整职业生涯规划的时机:

➤ 你找的第一份工作一直做到现在,没有换过工作,然而有一天你发现自己做的工作不是你真正喜欢的,你的工作已经变成了每天的例行公事,毫无乐趣可言。

➤ 你感觉自己的知识和能力不够用,你想去进修,但是现在的工作量过于饱满,每天回家时已经筋疲力尽,没有时间学习,你希望换一个工作在职进修,然后计划更长远的发展。

➤ 你自己的专长一直没有机会在工作中发挥出来,你一直觉得很遗憾。

➤ 你觉得你的老板低估了你的价值,你觉得凭自己的能力,应该拿更高的薪水。

➤ 你觉得如果继续留在公司,提升空间不大,没有大的发展机会,不想埋没了自己。
➤ 长期以来,你已经做好准备,开始期望有自己的公司,自己做老板。
……

2. 不同年龄段的思考

(1) 30岁年龄段。30岁时,你需要重新检查自己的目标,并描绘出下一个职业发展阶段的目标和前景。这个年龄段中的有些人开始发现,自己找了第一份工作一直干到现在,而这份工作并不是自己喜欢的;有些人则换了行业,他们开始意识到自己真正喜欢的行业和工作应该是什么样的。这个年龄段的人,很多人关心的都是提升或更长远的发展。

30岁时,你需要问自己的问题:
➤ 我擅长的是什么?这份工作是否能让我发挥所长?
➤ 我需要怎样做才能让我的工作绩效进一步提升?这个阶段也许是再次充电的好时机,充电之后也许会考虑调整工作。
➤ 我是否从我的职业生涯发展的角度来考虑问题,或者只看重当下的提升机会或暂时的加薪?频繁跳槽的人往往看重的是眼下的利益,但是这种行为的结果往往是错过了长远发展的机会。
➤ 我真的想留在这个行业发展吗?我的优势是否在其他领域?
➤ 我的职业发展速度合适吗?不会太慢吗?

这个年龄段你需要考虑职业长远的发展,需要做好准备,寻找合适的目标,等待下一个职业发展机遇。

(2) 40岁年龄段。40岁时,人们往往需要修正自己的目标。这个阶段的人常会遇到职业发展的平原期。所面对的危险可能是你已经适应了目前的工作环境、工作内容和工作强度,舒适的生活让你渐渐淡忘了当初的职业生涯规划为这个阶段所定的目标。有些人已经意识到,如果他们不喜欢目前所在的这个行业,这也许是他们转行的最后机会了。他们也会开始考虑自己的退休生活,这个阶段不单单是发展方向的问题,他们需要全力投入职业发展,为今后的退休生活打好基础。大多数人在这个阶段都会评估自己的职业发展,回头看看自己的得失,自己的付出和收获。还有些人有可能不太喜欢现状,或者不适应目前所面对的现实和困境。

40岁时,你需要问自己的问题:
➤ 我做的工作和自己的职业目标吻合吗?这个阶段,有些人可能会考虑另起炉灶,不再为别人打工,开始想自己给自己打工了。
➤ 我是否被公司所经历的经济困难或被并购的危机给困住了?
➤ 我是否在公司得到了与工作表现相对应的提升和认可?
➤ 我人生的下一个目标是什么?有些人在这个时候可能会发现,赚更多的钱或是得到一个让人羡慕的头衔并不是他们期待的人生目标。有些人可能会在这个时候为自己做一些决定,而不是按照别人期待的方向发展。
➤ 我是否得到尊重?我想要的生活和工作状态实现了吗?

对于大多数人而言,这个年龄段需要面对很多现实问题。二十年前的梦想和目标可能已经遥不可及,也可能早已实现,需要新的挑战。

(3) 50 岁年龄段。50 岁时,人们寻求的是职业发展的成就、贡献以及对未来的安全感。

50 岁时,你需要问自己的问题:

➢ 我的知识已经过期了吗?我的知识能让我胜任目前的工作吗?我真的不需要学习新东西了吗?很多公司都不会考虑送经验丰富的员工去研讨班学习,因为他们认为这些人离退休不远了或者认为他们已经不需要这样的培训了。然而,接触最新技术和行业发展对每个员工都是非常关键的。

➢ 我的未来有没有安全感?

➢ 我重要吗?我做出了什么贡献?我是否达到预期目的?薪水固然很重要,但是我们知道,这并不是我们工作的唯一目的。

➢ 我有没有把我的知识和技能传给下一代?无论你是技师还是管理者,如果你能把你的专业技能传给年轻人或者同事,你的价值就会得到提升。

(4) 60 岁年龄段。60 岁时,大多数人都可以对自己的职业生涯做一个小结,他们也会开始考虑退休之后的生活方式,以及对目前的生活是否满意,等等。

60 岁时,你需要问自己的问题:

➢ 我做过什么贡献吗?

➢ 我受尊敬吗?

➢ 我的上司、下级、公司的同伴对我心存赏识和感激吗?

➢ 我重要吗?

➢ 我的丰富经验是否对公司有所贡献?

➢ 我现在所做的是否能保证未来的我能过上舒适的退休生活?在生命的下一个阶段我打算做些什么?

➢ 我是否需要做些准备,以便在退休之后继续在公司做顾问,或者给其他公司当顾问,抑或创立自己的公司?

三、调整职业生涯规划的注意事项

调整职业生涯规划,需要注意以下几点:

1. 制订一个系统的新计划

调整你的职业生涯规划,你需要有一个比较系统的新计划。这个计划必须是明确的、具体的、可行的。比如,你的目标可以描述为"我想做一个数据处理部门的经理",而不单单是"我希望有一份好工作"。对目标的描述最好是可以量化的,如"我希望新的工作报酬比现在提高 10%"。

2. 多问几个问题

你需要在调整规划前多问几个问题,比如:你为什么不得不离开现在的工作?你的能力是否胜任新工作?新工作的强度、工作时间、薪酬福利是否让自己满意?新公司付给你的报酬比现在高10%,你能否保证自己能为新公司创造更多的利润?你的新工作是否会影响到你的家庭生活?在新的公司,自己的职业发展道路和发展空间如何?需要怎样规划?新公司的文化是否和自己的价值观一致?

3. 充分利用你的人际关系网

给你的亲朋、好友、同学、校友打打电话,告诉他们你的计划,看看他们有没有合适的就业机会可以帮你推荐。有些大公司的很多工作机会都是通过内部推荐向外发布的。你在联系这些人的时候一定要把握分寸,考虑对方的难处。无论这种推荐是否成功,你都应该对每位帮助过自己的人心存感激。精心维护的人际关系往往会让你有意想不到的收获。

4. 总结自己的优势和不足

你需要在寻找新工作前总结自己过去的成就、经验、教训和不足。你需要重新评估自己的优势所在,目标中的新工作应该能让你有可能发挥自己的优势;你也需要从过去的教训和挫折中总结不足,并且考虑如何在以后的工作中弥补不足。如果可能,你应该在应聘新工作之前就计划好如何把自己的不足变为优势,你可以采取很多方式达到这个目的。比如,你可以通过参加在职培训,或者周末学习班等方式再充电。公司在招聘有经验的员工时往往希望这些员工对自己的优缺点有明确的认识,并且明确自己大概的发展方向,明确如何让自己扬长避短。在这一点上,公司对有经验员工的期望与公司对刚毕业学生的期望是非常不同的。

5. 准备好把自己推销出去

我们应该意识到,在就业市场上,每个人都是需要包装、需要让人了解接受的。在总结了自己的优势和不足之后一定要突出自己的优势,让负责招聘的人能在最短的时间内了解自己的特长和经验,让招聘人员感到这个职位正是为你这样的人设置的。

6. 维护好旧有的公司关系

要调整职业生涯规划,往往会涉及离开原来的公司,这时最重要的是维护好与同事、上级及下属的关系。要知道,他们也会成为你的人际关系网的一部分。也许有一天,他们中的某一位,会成为你新工作的推荐人。一些大公司在招聘员工时,也可能会打电话到你原来工作的公司,了解你的工作情况等。如果你在离开公司时有些关系处理不当,可能会给新公司留下不好的印象。

7. 调整心态,坦然面对得失

任何一次调整都是有代价的,你必须考虑调整职业生涯规划的得失。因为你的决定不单会影响到自己的职业生涯发展,也有可能影响到你的工作满意度、你的成就感、你的培训和进修、你的收入、你的家庭关系、你的休闲时间、你的生活方式等。在做出调整决定之前,你必须全面考虑调整会带来的正面及负面的可能性,也需要为可能面临的问题提出解决方案,准备好对策。总之,你需要做最坏的打算,同时也需要做最大的努力。

如果你能顺应时代需要,定期反省自我,及时总结经验,灵活调整职业生涯规划,并且坚持不懈,你就一定会最终实现自己的职业目标。

项目训练

评估你的学业目标达成情况。

第二节 职业生涯规划评估的内容

许多人在学习、工作中都有这样的经历,计划做得非常完美,但结果却总是不尽如人意。经过分析后,往往会发现,这些人几乎有个共同的坏习惯:没有评估。制订目标、执行计划而没有评估就像骑一匹盲马在山路上奔跑,随时都有翻落的危险。

环境是多变的,人会随环境的变化而变化。要使职业生涯计划行之有效,就必须根据个人需要和现实的变化,不断对职业生涯目标与计划进行评估和调整。其调整的内容可能是全方位的,包括职业的重新选择;职业生涯路线的重新选择;人生目标的修正;实施措施与计划的变更;等等。在二十一世纪,新的工作方式不断涌现,新的工作要求不断提高,人们要特别注重不间断地审视个人的人力资本,找出不足,适时修正目标,加强跟进目标的措施。

图6-1反映了个人职业生涯规划的制订和执行各环节中的评估流程。不管是在规划阶段还是在执行(发展)阶段,评估必须全程伴随。

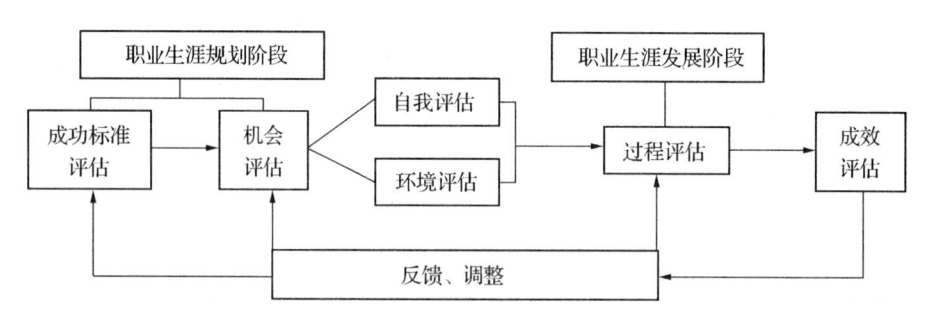

图6-1 职业生涯规划的评估流程图

本节主要介绍机会评估、成功标准评估和成效评估。

一、机会评估

机会评估是职业生涯评估中最重要的一个组成部分。所谓机会评估就是指从内部、外部两个环节对职业生涯目标实现的可能性进行分析、评价。它包括个人自我评估和环境评估,即我们常说的"知己"与"知彼"。所谓"知己知彼,百战不殆",反过来说,没有机会评估,职业生涯选择的随意性会较大,而职业生涯目标的制订也往往是站不住脚的。

(一)自我评估

职业生涯规划的起点就是自我评估,其主要任务是了解自己的目前状况和发展潜能,即弄明白自己已经做了什么?想要做什么?能做什么?个人分析必须从主客观两个角度、多个方面,综合采用多种途径进行。

1. 基本信息

这是个体的最基本的信息,在履历表上是必备的项目。而且我们可以发现,这些基本项目对职业生涯规划的意义是十分重大的。

(1) 年龄。对工作的看法和态度、对机会尝试的勇气、对胜任任务的能力和经验,不同年龄的表现都有所不同。

(2) 性别。社会提倡男女平等,但性别因素仍然在职业发展中扮演着重要的角色。职业性别隔离依然存在,在求职、晋升等职业生涯的关键情景中,性别差异的影响很难被消除。

(3) 教育程度。一个人所受到的教育程度和水平,直接影响他的职业选择方向和获取他喜欢的职业的概率。

(4) 健康程度。健康是最具影响力的一项,几乎所有的职业都需要健康的身体。健康包括身体健康和心理健康。其中,心理健康的具体标准包括:认知过程正常,智力正常;情绪稳定、乐观、心情舒畅;意志坚强,做事有目的、有计划、有步骤、有方法,能克服困难达到目的;人格健全,性格、能力、价值观等均正常;养成健康习惯和行为,无不良行为;精力充沛,能适应社会,人际关系良好。

(5) 婚姻状况。婚姻是人生的大事,有人曾说过,选择与怎样的人共度一生和选择怎样的职业生涯是每个人一生中最重要的两个选择,而且这两个选择之间的关系十分密切。

(6) 家庭以及社会关系。每个孩子所生长的环境,对以后的职业选择和发展有很大的影响。首先,教育方式的不同,造成他们认知世界的方法不同;其次,父母职业是孩子最早观察模仿的角色,孩子必然会得到父母职业技能的熏陶;再次,父母的价值观、态度、行为、人际关系等对个人的职业选择起到直接和间接的深刻影响。当然,家庭的收入状况、社会背景的影响也是不可忽视的。

另外,朋友、同龄群体的工作价值观、工作态度、行为特点等也会不可避免地影响到个人对职业的偏好、选择从事某一类职业的机会和变换职业的可能性等方面。

(7) 经历。曾经做过什么?即已有的人生经历和体验,如在学校期间担当过的职务,曾经参与或组织的实践活动,获得过的奖励等。这些可以从侧面反映出一个人的素质状况。在自我分析时,要善于利用过去的经验选择、推断未来的工作方向与机会。

学习了什么?即在学校期间,从学习的专业课程中获得了什么。专业也许在未来的工作中并不起多大的作用,但在一定程度上决定职业方向,因而尽自己最大的努力学好专业课程是生涯规划的前提条件之一。同时,要善于从中总结,真正化为自己的智慧。更重要的是要掌握学习的能力。

最成功的是什么?你可能做过很多,但最成功的是什么?为何成功?是偶然还是必然?通过分析,可以发现自我性格优越的一面,譬如坚强、果断,以此作为个人深层次挖掘的动力之源和魅力闪光点,这也是职业规划的有力支撑。

经验或经历中所欠缺的方面是什么？也许你曾多次失败,就是找不到成功的捷径;需要你做某项工作,而之前你从未接触过,这都说明经历的欠缺。

(8) 负担。负担是指对别人(多为家人和朋友)、对社会及对财务状况所承担的义务。成年人必定会受各种义务的束缚,选择职业也绝不可能毫不考虑个人的生活状态。比如许多人最初选择职业主要考虑工资,到一定阶段后钱可能就不再是职业选择的影响因素。

(9) 种族。随着经济全球化及跨国公司的发展,员工种族的不同带来的文化差异也日益受到关注。

案例导入

天道酬勤

曾国藩是中国历史上最有影响的人物之一,然而他小时候的天赋却不高。有一天在家读书,对一篇文章重复不知道多少遍了,还在朗读,因为他还没有背下来。这时候他家来了一个贼,潜伏在他的屋檐下,希望等读书人睡觉之后捞点好处。可是等啊等,就是不见他睡觉,还是翻来覆去地读那篇文章。贼人大怒,跳出来说,这种水平读什么书？然后将那篇文章背诵一遍,扬长而去!

贼人是很聪明,至少比曾先生要聪明,但是他只能成为贼,而曾先生却成为连毛泽东同志都钦佩的人。他一直坚持的"只问耕耘,不问收获"也为后人所推崇。

勤能补拙是良训,一分辛苦一分才。那贼的记忆力是好,听过几遍的文章都能背下来,而且很勇敢,见别人不睡觉居然可以跳出来大怒,教训曾先生之后,还要背书,扬长而去。但是遗憾的是,他名不见经传,曾先生后来启用了一大批人才,按说这位贼人与曾先生有一面之交,大可去施展一二,可惜他的天赋没有加上勤奋,变得不知所终。

2. 心理特征

个体的认知方式、个性特征、兴趣、价值观等心理特征对职业生涯的选择和目标确定有着极其重要的影响。

(1) 认知方式。认知方式是在认识事物的过程中表现出来的固定的认知模式,它表现为感知、记忆、思维、想象等方面的特征。

在感知方面,属于分析型的人,对事务的细节感知清晰,有较强的分析力,但对事务的综合分析能力则较差;属于综合型的人,感知富有整体性和概括性,但对事物的细节缺乏分析;属于分析综合型的人既能注意到事务的整体也不忽略事务的细节。

在记忆方面,有的人善于视觉记忆,有的人善于听觉记忆。有的人对多种表象的记忆效果都比较好,属于混合型;有的人擅长记忆词语、要领和逻辑,属于逻辑型;有的人善于记忆客观事物的态度体验,属于情绪型;还有的人习惯于动作及其顺序的记忆,属于运动型。

在思维方面,有的人凭借直接感知在实际操作中进行思维,属于动作型;有的人以具体的事物来表现思维的结果,属于形象型;有的人以抽象概括的逻辑思维占优势,属于抽象型;有的人属于中间型。

在想象方面,有的人擅长根据语言描述或直观形象,并借助正确的理解和丰富的表象再造出相应的新形象,属于再造型;有的人则不依赖现成的描述或形象而通过独立思考创造出前所未有的新形象,属于创造型。

对认知方式的客观认识,可以作为选择职业时扬长避短的参考,如果某个人属于形象型的思维模式,还坚持到科研单位工作,是很难有较大发展的。

(2) 气质类型。气质本身其实并无好坏之分,但气质却影响着一个人的工作效率,甚至在一定程度上还关系到事业的成败。

气质,是指人在心理活动和外部动作中,持久表现出来的一些灵活性和稳定性等方面的综合特点。也就是说,具有某种气质特征的人,会在不同的活动中,表现出相同的心理活动和外部特点。例如,有的人脾气暴躁,容易冲动;有的人性情温和,不慌不忙;有的人聪慧机敏,灵活好动;有的人反应迟钝,喜欢安静。同时,人的气质表现是不以人们的活动目的、内容和动机的改变而改变的,而是具有显著的、独特的个人色彩,在活动中表现出突出的个性;任何一种气质都有积极和消极两个方面,这两个方面相伴而生、相互依存。此外,不同气质的人完成同一种工作的效率和所付出精力的大小是不同的。例如,脾气暴躁、易冲动的人难以胜任秘书、财会等工作,性情安静的人难以胜任应急性很强的工作。

下面是心理学家对气质类型的分类及典型气质类型的人适宜从事的主要工作。

第一种类型称为多血质,也叫活泼型。具有这种气质者的特点是活泼好动,善于交际,思维敏捷、富于朝气,具有较大的可塑性。他们反应迅速而灵活,工作能力较强,情绪丰富,易兴奋且表现明显,极易适应环境,但注意力不稳定,兴趣易转移,一旦事业受挫或需要付出艰苦努力时,其热情大减,情绪波动大。他们不适宜从事单调机械的工作及要求细致的工作,而适于从事外交、管理、军事、公安、驾驶、服务、医疗、法律、体育、新闻记者等工作。

第二种类型称为胆汁质,也叫战斗型或不可抑制型。胆汁质的人精力旺盛,态度热情直率,思维敏捷,容易冲动,脾气暴躁,神经活动具有很高的兴奋性。他们能以极大的热情去工作,主动克服工作中的困难,知难而进,干劲十足,但受到打击后容易对工作失去信心,情绪马上就会低沉下来。这种类型的人适合担任导游、推销员、节目主持人、演讲者、外事接待人员和演员等。

第三种类型称为粘液质,也叫安静型。具有这种气质者的特点是具有较强的自我克制能力,能埋头苦干,沉默寡言,态度持重,不好空谈,注意力集中,不易分心,由于灵活性相对较差,严守生活秩序和工作制度,可能有因循守旧的倾向。适于担任法官、出纳员、保管员、话务员、会计师、播音员、调解员、外科医生等条理性强、需要细心和耐心的工作。

第四种类型称为抑郁质,也叫抑郁型或弱型。具有这种气质者的特点是好静、腼腆、孤僻,感受性及情绪兴奋性高,而且体验深刻,动作迟缓,反应速度慢、相对刻板而不灵活,他们的情感细腻,做事审慎小心,责任感较强,但经不起外界刺激,遇到危险容易感到恐惧,观察力敏锐,善于观察别人不易察觉的细小的事务,工作的耐受性差,容易感到疲劳,并且容易产生惊慌失措的情绪。他们所适宜承担的工作与胆汁质的人正好相反,校对员、打字员、文字排版、检查、化验、雕刻、刺绣、机要秘书等职务更适合他们。

在现实生活中,单纯属于哪一种气质类型的人并不多见,常见到的是具有"复合型"和"交叉型"气质特点的人,只不过其气质特点中某种气质类型表现得突出一些。所以毕业生择业时,需要对自己的气质类型进行评价,不是为了寻找自己的特点,而是为了能找到发掘自己潜能的工作,为了不断完善自己以适应工作。通过以上资料可以看出,要求做出迅速、灵活反应的工作,要取得高效率,对于多血质和胆汁质的人较为合适,而粘液质、抑郁质的人则较难适应;要求持久、细致的工作,对于粘液质、抑郁质的人较为合适,而多血质和胆汁质的人则难以适应,也不容易提高工作效率。

(3) 性格特征。性格,是指表现在人的态度和行为方式中较为稳定的心理特征的总合。性格是经常性的态度和行为方式,不是那种特殊条件下表现出来的态度和行为方式。由于人的性格形成依赖于所处的社会和家庭环境,因此大学生性格塑造与锤炼也必然受到社会大环境的制约和大学生各自的身体状况、社会阅历、知识结构、主观努力的影响。

心理学家把人的性格类型分为外向型和内向型。外向型的人大多开朗、活泼、为人处事灵活多变,情感外露,独立性强,处事果断,心理活动倾向于外部,但做事马虎、松散、有始无终、容易急躁;内向型的人倾向于内部,但常常墨守成规,反应迟钝,优柔寡断,为人孤僻。

3. 个人理念

理念是具有指导意义的基本生活态度和基本行为准则,职业生涯范围的理念包括道德、责任心、意志、观念和价值观。本文重点介绍职业价值观。

人的不同的价值观,在基本理念方面影响和决定着人们的职业选择的方向,决定着人们进入哪个单位去就业,决定着人们就业后的工作态度与劳动绩效水平,从而决定着人的职业生涯发展情况。日本学者田崎仁把人的职业价值观分为以下九种类型:

(1) 独立经营。独立经营类型的人不愿受别人指挥,凭自己的能力拥有自己的工作和生活领地,如个体工商户、私人开业医生、私人律师等。

(2) 经济型。经济类型的人认为"钱可通神",金钱就是一切。他们认为人与人之间的关系是金钱关系,连父母与子女之间的爱也带有金钱的烙印。

(3) 支配型。也称独断专行型。这种类型的人想当组织的领导,常无视他人的想法,以能够"支配他人"为心理满足。

(4) 自尊型。自尊类型的人受尊敬的欲望很强,渴望能有社会地位和名誉,希望常常受到众人尊敬。这种人在欲望得不到满足时,由于过于强烈的自我意识,有时反而很自卑。

(5) 自我实现型。自我实现类型的人对世俗的观点、利益等并不关心,一心一意想发挥个性,追求真理,不考虑收入、地位及他人对自己的看法,尽力挖掘自己的潜力,施展自己的本领,并视此为有意义的生活。

(6) 志愿型。志愿类型的人富于同情心，把别人的痛苦视为自己的痛苦，在帮助别人的过程中获得个人心理的满足与快乐。他们不愿意干表面上哗众取宠的事。

(7) 家庭中心型。家庭中心类型的人过着十分平凡但又安定的生活，他们重视家庭，为人踏实，生活态度保守，不敢冒险，对待职业生涯也很慎重。

(8) 才能型。才能型的人单纯活泼，重视个人才能的表现与被承认。他们把深受周围人的欢迎看作一种乐趣，能以不凡的谈吐、新颖的服装博得众人好感，并常把气氛搞活跃。

(9) 自由型。自由型的人开始工作时无目的、无计划，但能调整行为以适应职业环境；他们常被周围人认为无责任感，但能承担有限的责任；不麻烦他人，无拘无束，生活随便。

4. 职业能力

职业能力和上述的人格、健康以及理念等素质一道构成一个人的职业素质。职业能力需要经过有针对性的培训方能得到培养和提高。能力素质包括智力、特殊能力、从业能力、知识、社会智力和创造力。

(1) 智力。智力是指人认识客观事物并运用知识解决实际问题的能力。对于智力水平，心理学采用"智商"（IQ）指标来衡量。一般来说，人的智商标准平均状态为100分，分数越高，智力水平越高。智力一般包括感知力（特别是其中的观察力）、记忆力、思维力和想象力四个方面。

(2) 特殊能力。特殊能力包括语言能力、数学计算能力、空间判断能力、形态知觉能力、文书事务办公能力、动作协调能力（眼、手动作协调）、手指灵活性、手的灵巧性、眼—手—足的配合能力、辨色能力等。

(3) 从业能力。这是职业对于从业资格条件的要求，包括能向、普通教育程度、专门职业培训、环境、体力活动、工作职能等条件。

(4) 知识。知识是指人们头脑中所记忆的经验和理论。可分为一般知识和专业知识，专业知识则包括理论知识和工作经验（操作知识）。

(5) 社会智力。社会智力是指人们所具备的社会活动能力、人际交往能力。一般包括以下内容：计划能力或规划能力、决策能力、组织能力或协调能力、人际关系能力或沟通能力、说服能力、领导能力，等等。一个人的社会智力水平对于人的生涯设计、生涯实践和生涯成功有着巨大的影响。

(6) 创造力。创造力是使人能够经常取得创造性产物的能力和素质的总和，是人力资源所具有的一种复杂的、高层次的心理特质。创造力以一定的智力水平为基础。创造力比智力复杂、难度还要大，内容也要丰富得多，对于成功的影响作用也更加明显。

(二) 环境评估

每一个人都处在一定的环境之中，离开了这个环境，便无法生存与成长。所以，在制订个人职业生涯规划时，要进行环境评估，主要是分析环境条件的特点、环境的发展变化情况、自己与环境的关系、自己在这个环境中的地位、环境对自己提出的要求以及环境对自己有利的条件与不利的条件，等等。只有对情况有充分了解，才能做到在复杂的环境中避害趋利,使职业生涯规划具有可行性。

1. 社会环境分析

了解所在国家或地区的政治、经济、法制建设方向,寻找职业发展机会。职场往往是社会的"晴雨表",社会环境的变化会深刻地影响职场。社会环境中流行的工作价值观、政治经济形势、产业结构的变动等因素,无疑都在个人职业选择上留下深深的烙印。"五十年代的兵,七十年代的工人,九十年代的个体户,二十一世纪的IT业商人",每个年代的职业地位排序都对高考志愿的选择和就业选择起到不可忽视的影响。不同的社会环境所给予个人的职业信息是不同的。

2. 行业环境分析

按照一般的看法,产业、部门、行业是三个互相联系而又有所区别的概念,其覆盖面由大及小。① "产业"的范围最大,国民经济可概括为三大产业:第一产业、第二产业和第三产业;② "部门"在产业之下,我国将社会经济中的部门分为16个,即农林牧渔业、采掘业、制造业、电力煤气及自来水业、建筑业、地质勘查与水利管理业、交通运输仓储及邮电通讯业、批发零售贸易与餐饮业、房地产业、社会服务业、卫生体育和社会福利业、教育文化艺术和广播电视业、科学研究和技术服务业、国家机关政党机关和社会团体、其他;③ "行业"的范围是最小的,比如制造业下有重工业、轻工业,重工业下又可继续细分为冶金业等。

就目前而言,在我国的就业结构中,基本趋势是农业部门持续下降,工业部门与服务部门持续上升。职业生涯的成败与是否"入错行"关系密切,因此在进行职业生涯规划时,对行业发展现状、国际国内重大事件对行业的影响,目前行业的优势和问题所在,行业发展前景预测等问题进行了解和分析是非常必要的。

3. 职业分析

进行职业分析主要是认清所选定的职业在社会环境中的发展过程和目前的社会地位,以及社会发展趋势对此职业的影响。从大的方面来讲,职业可以分为脑力劳动类和体力劳动类。不同的职业对劳动者的素质要求是不一样的。

脑力劳动类职业一般可分为以下八大类:① 科学研究人员,指专门从事自然科学和社会科学的基础理论、应用技术研究的人员;② 工程技术人员,指将科学技术应用于工业、农业等生产领域的专业技术人员,包括设计人员、生产工艺以及从事维修保养的技术人员;③ 经济工作人员,其范围很广,包括在国民经济各部门经济管理工作的专业管理人员,比如经济师、会计、统计人员等;④ 文化教育工作人员,指在各级、各类学校从事教学工作和在各种媒体从事文化传播、新闻宣传的专业人员;⑤ 文艺体育人员,包括从事文艺创作评论、艺术创作和表演的专业人员和体育运动方面的训练、竞赛、裁判的专业人员;⑥ 医疗卫生人员,指应用中、西医学理论与方法,从事疾病的诊断、治疗、药剂配置、护理、保健、疾病预防和公共防疫工作的各类人员;⑦ 行政与事务类人员,指在各级党政机关、人民团体、企事业单位担任管理工作的人员以及办理行政、政工等事务的一般工作人员;⑧ 法律公安类人员,指在国家宪法和法律的框架内,维护社会的正常秩序,保卫公共和个人财产安全,预防犯罪,解决各种社会纠纷、矛盾的人员。

体力劳动类职业一般可以分为以下四大类:① 生产工人类人员,指从事物质资源的采掘和处理、生产制造工业品、保养与修理有关机械设备和进行产品运输等工作的劳动者;② 商业工作类人员,指从事商品的零售、批发、推销、收购、回收等方面工作的人员;③ 服务工作类人员,指从事非生产性工作、提供劳动服务的人员;④ 农林牧渔类人员,指从事种植业(即农业)、林业、畜牧业、渔业生产以及机械操作、狩猎的劳动者。

4. 用人单位分析

不同性质的用人单位适合不同的劳动者。可以说,用人单位就是一个人某个时段职业生涯的"生态圈",因而对其职业生涯发展的影响最为直接。用人单位一般可以做以下分类:

(1) 企业单位。企业是从事社会经济活动的单位,企业中的员工可以分为经营、管理、技术和操作等类别。在我国,企业可以分为以下类型:

一是国有企业。国有企业是指产权属于国家,从事以盈利为目的的独立核算单位。在国有企业中,员工一般实行劳动合同制和聘任制。国有企业在我国国民经济中占据重要地位,为社会提供了大量的就业岗位。近年来随着国有企业的改革,大批富余人员正在分流和下岗,经过改革、重组后的国有企业对掌握先进经营理念和技术的人才需求还是比较大的。

二是集体企业。集体企业的产权归劳动者所有。一般由劳动者集资或一些基层经济单位自行筹资兴办,生产规模比国有企业小,广泛分布于各个产业部门,可提供大批就业岗位。

三是私营企业。私营企业是由私人出资创办、雇佣人员在 8 人以上的经济单位。其经营灵活,分布广泛,近年来发展很快。

四是乡镇企业。乡镇企业是指在农村兴办的企业,主体可以是乡镇政府、村委会、个人以及私人合伙。乡镇企业的发展为农村剩余劳动力和部分下岗再就业工人提供了大量的就业岗位。一些发展较早、较好的乡镇企业已具备较强的经济实力,吸引了部分高层次人才的加盟。

五是外资企业。外资企业是指国外的公司、团体、私人在我国投资兴办的企业。20世纪 70 年代末以来,外资企业在我国发展很快,它实际是我国的人力与国外的资本相结合。外企对从业人员的素质要求较高,相应的,企业员工的收入较国内的企业高,因此吸引了许多学历、素质较高的求职者。

六是股份制企业。股份制企业的全部注册资本由全体股东共同出资,并以股份制形式投资兴办。股份制企业是按照现代企业制度设立的新型经济单位,用人机制比较灵活,对员工的基本素质、敬业精神等方面的要求较高。

(2) 事业单位。事业单位是指主要由国家财政经费开支,不从事独立经营而从事为社会服务的工作单位。在我国,事业单位一般属于第三产业的范畴,涵盖以下领域:文化教育事业、文艺体育事业、科研事业、广播电视事业、新闻出版事业、医疗卫生保健事业、社会福利与社会保障事业、农林水利气象事业、城市公用事业,等等。

事业单位对全社会的某些专门需要提供服务,以社会效益为主要目的,但也有一些事业单位在一定程度上兼顾经济效益。其职业岗位以各类专业技术人员为主,具有较强的专业性,因而以脑力劳动为主,对就业者的素质要求较高。

(3) 政府机关。政府机关是国家和地方各级政府行政管理机构的总称。在政府机关工作的人员,除去少部分专业技术人员和工勤人员外,主要是国家公务员。目前我国已经开始全面实施公务员制度,公务员招考录用也受到越来越多的求职者,特别是应届大学毕业生的关注。

(4) 社会团体。社会团体是社会上各种群众性组织的总称,包括工会、团委、妇联、青联、学联、科协、各类学会、各行业协会等。社会团体作为一种群众性组织,由各特定领域的代表组成。社会团体的就业岗位要求从业者有较高的文化水平、政策水平、专业知识和较强的工作能力。

(5) 自主就业者。自主就业包括各类自由职业者、灵活就业者和个体劳动者。自由职业者是指拥有一定的专业技能、不被人雇佣、通过自行开业和自由为社会提供服务的人,如个人独立开业的医生、律师、自由作家和撰稿人等;灵活就业者是指无固定的雇主、工作场所和收入来源的人员,如小时工、劳务承包者等;个体劳动者,即生产资料个人所有,以个体劳动为基础(我国规定,个体工商户可以雇用8个以下的帮工),劳动成果归个人所有。

5. 组织环境分析

在选择用人单位(统一称为"组织")时,除了从以上四个较为宏观的角度去分析、评估之外,还要对自己即将任职或选择任职的组织进行具体的环境分析。以公司为例,可以做如下分析:① 公司的实力及发展前途:公司的规模、盈利情况、在行业内的排名、产品的市场占有率等都是衡量公司实力的指标,除此之外,公司是否处于有发展前途的产业、公司所处的发展阶段等也需做一番了解;② 公司的领导人:企业主要领导人的抱负和能力是公司发展的决定性因素;③ 公司的文化:在考察时除了正面了解其公司文化外,还要注意了解公司内部的"潜文化"(即公司内部非正式组织中流行的"文化")、公司的选人用人制度、员工的责任感以及员工的精神面貌等;④ 公司的经济状况:这些可以从公司员工的待遇水平、福利水平等方面予以考察;⑤ 公司的管理水平:可以从这样一些细节来了解,比如员工是否明确自己在公司中的作用?员工是否明确怎样完成公司的目标?会议的组织水平如何?等等。

在对组织环境进行考察、分析时,我们可以充分利用实习、实地观察、查阅公司宣传资料和内部刊物(包括互联网页面)、与公司员工交谈等方式进行。

二、成功标准评估

成功需要标准。在职业生涯规划中,成功标准是规划者个人对自己职业生涯目标实现程度的认可描述,因而成功标准实际上就是对职业生涯目标的审视和评估,进而和职业生涯目标共同构成"职业愿景"。

1. 职业生涯成功的界定

每个人都应该对职业生涯的成功进行界定,成功意味着什么、成功时发生的事和一定要拥有的东西、成功的时间、成功的范围、成功与健康、成功与家庭、被承认的社会地位和方式、想拥有的权势和社会的地位、自己满意的物质条件,等等,这些都是成功的含义。

2. 成功标准的特征

一是个性化。成功标准反映了个人的价值观,因而具有个性化的特点,"他人之蜜糖",可能是"我之毒药",不要用别人的成功标准来替代自己的选择。

二是激励性。成功标准和职业生涯目标一道构成"职业愿景",能使人产生驱动力,从而促进个人素质的提高和潜能的发挥。

三是差异性。职业生涯成功与否,个人、家庭、企业、社会判定的标准都存在一定的差异。如果一个人能在四类体系中都得到平衡,那么他(她)的职业生涯成功标准无疑是十分完善的。

3. 成功标准的类型

成功从来都没有统一的标准,可以说一千个人有一千个标准,但是其中还是有一些规律性的东西,我们将成功标准分为以下几类:

(1)进取型:持这类成功标准的人我们通常会称其"野心勃勃",他们在一个组织中,其目标就是全力以赴,达到组织权力结构的最高点,成为组织的"一把手",即使过程中有所牺牲也在所不惜。

(2)安全型:这类人追求认可、得到尊敬,即使不能成为组织的领导人,只要工作氛围"安全"、被领导和同事视为"圈内人",他们就会觉得满足。

(3)自由型:这类人在工作过程中不愿意被控制,不愿意被各种死板的条例套住,希望在工作中充分施展自己的聪明才智,得到自由发挥的空间。因此,他们特别在意组织的工作氛围、组织文化以及工作方式。

(4)攀登型:喜欢刺激和冒险是这类人的共同特点,他们的成就感来自挑战自我、挑战工作,因此他们往往会厌倦单一不变的工作内容和环境,总是追求职业经历的多样化。

(5)平衡型:在工作、家庭和自我发展之间取得平衡对于他们而言是非常有意义的,为了工作牺牲其他是不能接受的,因此这类人可能会因为其他原因失去职业生涯更大的成功,但是他们却不认为这是失败。对于他们而言,工作只是人生的一部分,而不是全部。

4. 成功标准的内容

根据成功标准的概念,我们不难理解成功标准的内容其实就是对简洁的职业生涯目标进行描述、深化和细化。本文从内职业生涯和外职业生涯的角度阐述成功标准,很显然,不同类型成功标准的人针对表6-1中各项目的描述是大相径庭的。

表6-1 成功标准的内容

内职业生涯的成功标准	外职业生涯的成功标准
(1) 如何检验心理素质的提高	(1) 职务目标实现的重要性
(2) 如何体现能力上的成功	(2) 收入目标的高低和重要性
(3) 如何检验学习新知识的水平	(3) 工作地域的重要性
(4) 职业与家庭的平衡如何	(4) 职业声望和所在组织的声誉的重要性

5. 成功标准的评估体系

在进行职业生涯规划时要遵循利益一致的原则,同样的,对职业生涯成功标准进行评估时也应该遵循全面评价的原则,个人、家庭、组织以及社会的评价都会对职业生涯成功标准产生影响,表6-2是进行职业生涯成功标准的评估体系。

表6-2 职业生涯成功标准评估体系

评价方式	评价者	评价内容	评价标准
自我评价	本人	自己的才能是否得到充分施展? 是否对自己在企业发展、社会进步中的贡献满意? 是否对自己职称、职务、工资待遇的变化满意? 是否对处理职业生涯发展与其他人生活动关系的结果满意?	根据个人的价值观及个人知识、能力水平
亲友评价	家庭成员、朋友等	是否能够理解? 是否给予支持和帮助?	根据家庭文化,交际圈层次、氛围
组织评价	同事、组织管理体系	是否有下级、平级同事的赞赏? 是否有上级的肯定和表扬? 是否有职称、职务的提升或职务责、权、利范围的扩大? 是否有工资待遇的提高?	根据组织管理体系、组织文化及总体运营水平
社会评价	社会舆论社会组织	是否有社会舆论的支持和好评? 是否有社会组织的承认和奖励?	根据社会文明程度、发展阶段

三、成效评估

职业生涯阶段目标完成后要主动进行自我评估。个人可以根据自己情况制订具体的指标来评估成效、查找问题,并有针对性地进行调整修正,直至进行职业再选择。表6-3列举了职业生涯规划成效的自我评估项目:

表 6-3 职业生涯规划成效的自我评估

项目	评估内容	调整方向
人生目标	人生目标的层次是否定位不当？ 目标的侧重点是否合理？	人生目标的修正
职业目标	所选择的职业是否适合自己？ 职业目标是否定位不当？	职业的重新选择
职业生涯发展途径	是否在发展途径中有太多、太强的竞争对手？ 轮岗时间太长或太短？ 轮岗顺序是否合理？	职业生涯路线的重新选择
职业生涯规划方案	是否周密？ 长期计划是否缺乏生涯战略？ 短期计划制订是否详细？ 是否与轮岗、培训结合起来？	实施措施与计划的变更
培训	培训是否不足？ 培训内容是否与职业目标一致？	增加有针对性的培训

要获得职业生涯成功，除了表 6-3 所介绍的这些常规性的评估项目外，还要注意两个特殊的评估项目，即潜能评估和关键人物评估。在同等条件下，这两项显得意义更为重大，尤其值得我们重视。

1. 潜能评估

在设定职业目标时，我们曾经提到要让它具备一定的挑战性，这是因为有挑战性的目标可以激发自我的潜能。从另一个角度来说，想要做什么是建立在能做什么的基础上的，要突破自我就必须了解、触发自己的潜能。能力是根据你已经有的工作业绩表现出来的显在的能力，潜能是根据假设的目标估计的潜在能力。

一般来说，发现和认识人的潜能，是从人的活动（行为）开始的。人的生命周期，就是一个不断活动的周期，从出生后行走、动作、言语的学习，到学习科学文化知识，再到解决社会活动中的各类问题，都在表现着一种能力。由于人的职业发展的潜力很模糊，仅凭借个人根据经验来判断，往往带有较强的个人主观色彩，缺乏客观的依据，因而会影响到对自我潜能的认识。因此，相对于常规的现状分析，潜能评估分析必须要借助某种测评工具。

潜能测评的主要项目一般包括职业个性、职业素质、职业兴趣等，如某个测评项目包括以下一些项目：① 管理能力（计划、组织、指挥、协调、控制）；② 人际交往能力（给别人的印象、如何对待别人的要求、沟通能力、行为灵活性）；③ 知识水平和职业兴趣；④ 压力及危机处理能力；⑤ 工作动机、伦理价值观念；⑥ 职业导向因素（成功的需要、进步的愿望、奖励的渴望）；⑦ 相对独立性（被承认的需要、自信心、事业心）。

案例导入

成功并不像你想象的那么难

1965 年，一位韩国学生到剑桥大学主修心理学。在喝下午茶的时候，他常到学校的咖啡厅或茶座听一些成功人士聊天。这些成功人士包括诺贝尔奖获得者、某些领域的学术权威和一些创造了经济神话的人，这些人幽默风趣，举重若轻，把自己的成功都看得非常自然和顺理成章。

时间长了，他发现，在国内，他被一些成功人士欺骗了。那些人为了让正在创业的人知难而退，普遍把自己的创业艰辛夸大了，也就是说，他们在用自己的成功经历吓唬那些还没有取得成功的人。作为心理系的学生，他认为很有必要对韩国成功人士的心态加以研究。

1970年，他把《成功并不像你想象的那么难》作为毕业论文，提交给现代经济心理学的创始人威尔·布雷登教授。布雷登教授读后，大为惊喜，他认为这是个新发现，这种现象虽然在东方甚至在世界各地普遍存在，但此前还没有一个人大胆地提出来并加以研究。惊喜之余，他写信给他的剑桥校友，即当时正坐在韩国政坛第一把交椅上的人——朴正熙。他在信中说，"我不敢说这部著作对你有多大的帮助，但我敢肯定它比你的任何一个政令都能产生震动。"

后来这本书果然伴随着韩国的经济起飞了。这本书鼓舞了许多人，因为它从一个新的角度告诉人们，成功与"劳其筋骨，饿其体肤""三更灯火五更鸡""头悬梁，锥刺股"没有必然的联系。只要你对某一事业感兴趣，长久地坚持下去就会成功，因为上帝赋予你的时间和智慧够你圆满做完一件事情。后来，这位青年也获得了成功，成了韩国泛业汽车公司的总裁。

2. 关键人物评估

关键人物是这样的人：他（她）在你的成长过程中指导你、帮助你、督促你，为你提供咨询，在人际关系出现矛盾时帮你化解，甚至在人生和职业的关键点上助你一臂之力。他（她）在一个人的职业生涯发展过程中如此重要，所以人们习惯把关键人物称为自己的"贵人"。因此，对关键人物（也许是潜在的关键人物）的评估应该作为职业生涯评估的重要内容。

（1）谁会是关键人物？

一是朋友。拥有一些事业有成或潜力很好的朋友十分重要，他们往往是重要人生的提供者。在这里"朋友"的意思是很宽泛的，他可能是你的同事、同学、生意伙伴，或者是老师和亲人。多交朋友，广结人脉是许多成功者共同的特点。

二是上司或领导者。许多人的成功常常是跟随在一个成功的上司或领导者后面取得的。好的上司或领导者的进取心和责任感都很强。进取心使他能不停地升迁，责任感使他能调动你的积极性、发现你的潜力、加强对你的培养，以便他升迁后，你能承担他以前的工作。因此，从工作的第一天起，选择并跟随这样的上司和领导者是最为明智的选择。

三是陌生人。邂逅的路人可能为你提供一个重要的信息、一份重要的工作、一个关键的机会。陌生人成为关键人物，很多时候实际上是一种机遇，但是，机遇总是垂青于"有心人"。

(2) 如何找到关键人物?

一是对机会的理解。在职业生涯中,机会毫无疑问是十分重要的,关键人物实际上就是一种机会。为什么有些人可以不断地出现机会并把握住机会,不断地得到关键人物的帮助,从而迅速取得成功?其实仔细分析他们的成功经验会发现:他们不断地创造机会,而不是等待机会的出现。同样的,关键人物很多时候是要自己争取的,守株待兔式地等待关键人物的"降临"是不可取的。

二是积极的工作态度。对现实不满甚至消极怠工的人,如果试图以怀才不遇自居,梦想得到关键人物的垂青以改变职业命运,这是非常可笑的。只有热爱本职工作的人,才会对工作投入所有的激情和专注,才能在工作中做出出色的业绩,才能吸引关键人物的目光。

三是主动沟通和表现。主动地沟通,让更多的人了解你;抓住机会表现,让更多的人信任你,这两点是获取关键人物关注的重要途径。

四是开放的心灵。以一颗开放的心灵关注、思考外界变幻的事物。不能把视野仅仅局限于自己工作的领域、交往也不能仅仅局限于工作性质相近的人群。要知道,许多关键人物可能并不在你的公司里、不在你的工作领域里,而可能是陌生人。如果没有开放的心灵,也许你将错过他(她)。

项目训练

评估个人的一次学业规划达成情况。

第三节 生涯规划的自我修正

所谓修正是改正、修改以使其正确、优化的意思。职业生涯与发展规划修正的内容包括:职业目标的重新选择、职业生涯路线的重新设定、阶段目标的修正、实施措施与行动计划的变更,等等。

一、生涯规划修正的目的

通过评估和修正,应该达到下列目的:
> 决定放弃或者坚持自己的目标,并进行必要的调整;
> 明确影响实施效果的关键因素,对实施方案的合理性加以认识;
> 对需要改进之处制订调整计划,以确定修订后的实施方案能帮自己达成生涯目标。

二、生涯规划修正的内容

对职业生涯与发展规划进行修正的内容包括:生涯目标的重新选择;生涯发展路线的重新确定;阶段性生涯目标的调整;生涯发展目标的调整;生涯目标实施方案的变更等。

在此过程中,应注意回答以下问题:你的人生价值是什么?你有哪些知识、技能和条件?你最感兴趣的事情是什么?你的人格特质是什么?你是否好高骛远?你建立了自己的就业信息网络吗?

总之,职业生涯规划完成并实施后,我们必须对阶段性的结果进行评估,根据评估结果找出规划与结果之间的差距,分析出差距产生的原因,并针对性地对计划进行调整,按新调整的方案有效地围绕目标行动。评估和修正可以按以下模式进行:

1. 修正行动计划

实施生涯规划时,必须为日后可能的计划修改预留余地,修正的依据是每次评估后反馈回来的信息。至于计划修正的时机,必须考虑下列四点:

(1) 以周、月或学期为单位,定期检查预定目标的达成进度及取得的效果。

(2) 每一阶段目标达成之时,要依据实际效果,修订未来阶段目标可采用的策略。

(3) 主观因素、客观环境改变影响到计划的执行。

(4) 有效的生涯设计还要不断地反省修正,反省策略方案是否恰当,能否适应环境的改变。

2. 修正应考虑的因素

(1) 环境因素。包括社会环境、政治环境、经济环境、科技环境、自然环境、法律环境等。从宏观层面认识到职业生涯发展的局限和可能,个人只能适应而不可改变。

(2) 组织因素。包括组织规模、组织结构、组织文化、组织发展状况、人力资源规划、人力资源管理系统类型、晋升政策、人际关系等,一切与职业生涯发展有关的组织因素。要改变组织因素非常困难,但个人可以选择,到最适合自己发展的组织中工作。

(3) 个人因素。包括年龄、性别、学历、工作经历、家庭背景、人格,等等。一方面要正确认识自己,另一方面要不断完善自己。

组织和个人只能适应环境因素,应正确认识和分析组织和个人因素,寻求个人发展和组织发展的最佳匹配。

三、生涯规划修正的方法

职业生涯规划的调整,实际是职业生涯规划步骤的再循环,但再循环不是原有设计过程的简单重复,而是根据现实的自身条件、外部环境,对原有职业生涯规划的反思和再创造。

1. 重新剖析自我

掌握个人条件的变化及其在职业实践中检验的结果,加深对自己的认识,检验自己的职业素质是否适合所从事的职业,弄清"我能干什么"。在此基础上选择更适合自己的方向,调整自己的职业生涯规划,从而为自己的长期发展奠定基础。

调整职业生涯规划时的自我条件剖析,不同于第一次进行职业生涯规划时的"分析发展条件"。其不同主要表现为以下两个方面:

第一,自我条件重新剖析,是在经过职业活动实践检验的基础上进行的,即对原目标有了不满之意。学生时代的发展条件分析,多半是从理论到理论的分析,对自身条件和外部环境的分析往往带有脱离实际的"非理性"色彩。而高校毕业生在求职实践或从业实践中,切身感受到发展目标、发展台阶或发展措施脱离实际,有必要对原有职业生涯规划进行调整。

第二,自我条件重新剖析,是在对原定规划已有调整意向的前提下进行的,即已对新目标有了初步想法。这种调整意向,往往是在有了新的发展目标,至少是对第一阶段目标已经有了调整决心时产生的。高校毕业生在求职实践或从业实践中,与职场有了"零距离"接触,开阔了视野,对职业这个大千世界有了进一步了解,因而产生了调整发展目标或阶段目标的决心,甚至已对新目标有了初步想法。

高校在校生初次进行职业生涯规划时,应先分析发展条件,后确定发展目标,以避免"眼高手低",而已有求职实践或从业实践的青年人,想进行职业生涯规划调整,则应先确定发展目标,再重新剖析自身条件,以检验初定目标是否符合实际。

2. 重新评估职业生涯机会

在从业过程中,内外环境会给自己的职业生涯带来机遇和挑战。对此,要认真地进行重新评估,如分析当前经济社会发展趋势会是什么样子,所从事的职业在目前与未来社会中的地位将如何,社会发展对自身发展的影响有多大,自己所在企业的内外环境和个人的人际关系怎么样等。弄清了这些,就会明白对于自己来说什么是可以干的,什么是不能干的。

在校期间进行职业生涯规划时,对外部环境的分析,大多依靠第二手资料,而在调整职业生涯规划进行职业生涯机会重新评估时,从业者不但已掌握了许多第一手资料,而且已经有了亲自体验的感受。对职业生涯机会重新评估,除了对原规划的职业生涯发展机会进行再评估外,更要围绕新的初选目标实现的可能性,进行外部环境的分析。

3. 修正职业生涯目标

在重新剖析自我和重新评估职业生涯机会的基础上,修正职业生涯发展目标及职业生涯阶段目标,即对远期目标、近期目标进行调整。

对职业生涯目标的修正,除了以自我和环境的再分析作为重要依据外,更侧重于目标的价值取向。已有求职实践或从业实践的毕业生,与缺乏求职、从业实践的在校生相比,发展目标的价值取向不再是虚拟的、理论的,而是实在的、务实的。实在、务实的价值取向,对于修正职业生涯发展目标或阶段目标,是十分有益的。在取得求职或从业实践经验的基础上,对原有的价值取向进行深刻的反思,是职业生涯目标修正的重要保证。

选择更适合自己的发展方向,从而为自己的长期发展奠定基础,彻底解决"我为什么干"的问题,是调整职业生涯规划的关键。只有在求职或从业实践中得到感悟,才能使职业生涯规划更加符合自身实际,做到有的放矢、马到成功。

4. 修订落实计划

通过"干得怎么样""应该怎么干"的自我审视,根据修正后的发展目标和阶段目标,制订新的自我提升措施。

规划的设计与制订很重要,规划的贯彻与落实也同样重要。反省原规划中发展措施的针对性和实效性,回顾自己对原规划中发展措施的落实情况,既有利于新措施的制订,也有利于新措施的落实。这种反省和回顾,不仅是调整职业生涯规划的需要,也是自我管理能力提高的过程。

科学、务实的目标和严谨、周密的措施,是职业生涯规划的核心内容,也是评价一份职业生涯规划优劣的主要标准。

每过一段时间,职业人要审视内在和外在环境的变化并且及时调整自己原定的职业生涯规划。调整并非放弃,而是与时俱进。当一个人的职业生涯并非一帆风顺时,调整不但会有"山重水复疑无路,柳暗花明又一村"之感,而且调整的过程往往可以使人的多方面能力得到提高。

项目训练

如何修正自己的学业规划?

阅读与鉴赏

1. 阅读文章《活在安信达的日子》。
2. 阅读《你的降落伞是什么颜色》,理查德·尼尔森·鲍利斯著。
3. 观看电影《当幸福来敲门》。

思维拓展

你觉得成功的人生是怎样的?

行动与任务一

根据环境评估的内涵要求,完成一份评估报告。

行动与任务二

二维码内含学习任务、经典案例、拓展作业,快来扫一扫!

评估与修正

参考文献

[1] 马克思,恩格斯.马克思恩格斯选集:第1卷[M].北京:人民出版社,1995.

[2] [美]斯蒂芬·罗宾斯.组织行为学[M].北京:中国人民大学出版社,2005.

[3] 林泽炎,李春苗.员工职业生涯设计与管理[M].广州:广东经济出版社,2003.

[4] 程社明,卜欣欣,戴洁.人生发展与职业生涯规划[M]. 北京:团结出版社,2003.

[5] 史蒂夫·马若堤.青年创业指南[M]. 北京:经济日报出版社,2003.

[6] 蒂蒙斯.创业学(丛书共5本)[M]. 北京:华夏出版社,2006.

[7] 蔡荣生等.大学生职业生涯与发展规划教程(财经院校版)[M].北京:中国传媒大学出版社,2009.

[8] 吴余舟.大学生职业生涯规划与就业创业指导[M].北京:机械工业出版社,2010.

[9] 曹磊,陈灿,郭勤贵,黄璜,卢彦.互联网+:跨界与融合[M]. 北京:机械工业出版社,2015.

[10] 李梅,沐兰.步步向前,7步提高职业竞争力[M]. 北京:北京大学出版社,2015.

[11] 张再生.职业生涯管理[M].北京:经济管理出版社,2002.

[12] 姚裕群.职业生涯规划与发展[M].北京:首都经济贸易大学出版社,2003.

[13] 创业网:http://www.chuangyewang.com.cn.

[14] 中国大学生创业网:http://www.studentboss.com.

[15] 中国大学生创业政策网:http://www.zdcy8.cn.

[16] 全国高校毕业生就业信息网:http://www.gradnet.edu.cn.

[17] 中国高校毕业生就业服务信息网:http://www.myjob.edu.cn.

大学生职业生涯发展规划

主编 肖尚军 张 丹

第7章

大学生职业生涯发展规划

练习手册

南京大学出版社

第7章
大学生职业生涯发展规划练习手册

大学生学业生涯规划书（   年   月   日）

姓名		性别		出生年月		政治面貌	
院部		专业		班级		籍贯	
基本情况	1. 自我认知 优点：_____ _____ 缺点：_____ _____ 兴趣：_____ _____ 能力：_____ _____ 性格：_____ _____ 价值观：_____ _____ 整体评价：_____ _____ _____ 2. 家庭情况 _____ _____ _____						
总体学业规划	_____ _____ _____ _____ _____						

续 表

时间	学年目标	学期目标	月目标与计划	周目标与计划	日目标与计划
第一学期					
第二学期					
第三学期					
第四学期					

续 表

时间	学年目标	学期目标	月目标与计划	周目标与计划	日目标与计划
第五学期					
第六学期					
第七学期					
第八学期					

续 表

阻力分析与消除阻力对策	
激励与惩罚措施	
家长指导意见	
	签字：　　　　　　联系方式：　　　　　　　年　月　日

续 表

辅导员 指导意见	 签字：　　　　　　　联系方式：　　　　　　　　　　年　月　日
评估与 反馈	

自我认知（　　年　　月　　日）

姓名		性别		出生年月		政治面貌	
院部		专业		班级		籍贯	
自我探索	兴趣：_____ _____ 能力：_____ _____ 性格：_____ _____ 价值观：_____ _____ SWOT 分析： 优势：_____ _____ 劣势：_____ _____ 机会：_____ _____ 威胁：_____							

	关系	姓名	评估内容
他人评估	父母家人		
	老师		
	同学		

续 表

	关系	姓名	评估内容
他人评估	朋友		
	其他人		
测评报告评估			
自我认知总结			

外界探索(年 月 日)

姓名		性别		出生年月		政治面貌	
院部		专业		班级		寝室	
拟从事职业				拟从事职业所在地域			
职业认知	行业分析：_____ 职业分析：_____ 企业分析：_____ 地域分析：_____ 职位与收入分析：_____ 工作内容与要求：_____ 入行要求（知识、素质、能力、技能、资格等）：_____ 职业发展现状与前景：_____ 该行业人士建议：_____						

家庭认知	家庭经济水平：_____ _____ _____ 家庭成员情况及职业：_____ _____ _____ 家庭社会关系网：_____ _____ _____ 父母对子女的职业期望：_____ _____ _____ 其他因素：_____ _____ _____
学校认知	校园环境：_____ _____ _____ 专业情况：_____ _____ _____ 核心课程：_____ _____ _____ 职业素质能力：_____ _____ _____ 实践及学习对自身的影响：_____ _____ _____
社会认知	政策环境：_____ _____ _____

续 表

社会认知	社会环境：_____ 职业环境：_____ 职业素质能力：_____ 就业前景：_____ 竞争对手：_____
环境分析小结	

生涯决策平衡单

姓名：　　　　　　　　　　　性别：　　　　　　班级：

选择项目／加权分数／考虑因素		重要性的权数(1～5)	选择一		选择二		选择三	
			＋	－	＋	－	＋	－
个人物质方面得失	1. 收入							
	2. 工作的困难							
	3. 升迁的机会							
	4. 工作环境的安全							
	5. 休闲时间							
	6. 生活变化							
	7. 对健康的影响							
	8. 就业机会							
	其他……							
他人物质方面得失	1. 家庭经济							
	2. 家庭地位							
	3. 与家人相处的时间							
	其他……							
个人精神方面的得失	1. 生活方式的转变							
	2. 成就感							
	3. 自我实现的程度							
	4. 兴趣的满足							
	5. 挑战性							
	6. 社会声望的提高							
	其他……							
他人精神方面得失	1. 父母							
	2. 师长							
	3. 伴侣							
	其他……							
加权后合计								
加权后得失差数								

职业生涯规划书

院（部）：_____

专　　业：_____

班　　级：_____

设 计 人：_____

电　　话：_____

电子邮件：_____

起始日期：_____ 终止日期：_____ 年龄跨度：_____

时　　间：_____

目 录

  总论(引言) …………………………………………………………………
一、自我认知 ……………………………………………………………………
  兴趣 ………………………………………………………………………
  能力 ………………………………………………………………………
  性格 ………………………………………………………………………
  价值观 ……………………………………………………………………
  自我认知小结 ……………………………………………………………
二、外界探索 ……………………………………………………………………
  家庭环境分析 ……………………………………………………………
  学校环境分析 ……………………………………………………………
  社会环境分析 ……………………………………………………………
  职业环境分析 ……………………………………………………………
  外界探索小结 ……………………………………………………………
三、职业定位 ……………………………………………………………………
  SWOT 分析 ………………………………………………………………
  职业目标 …………………………………………………………………
  职业发展策略 ……………………………………………………………
  职业发展具体路径 ………………………………………………………
四、计划实施 ……………………………………………………………………
五、评估调整 ……………………………………………………………………
  评估的内容 ………………………………………………………………
  评估的时间 ………………………………………………………………
  调整的原则 ………………………………………………………………
  备选方案 …………………………………………………………………
六、结束语 ………………………………………………………………………

总论(引言)

一、自我认知
(一)兴趣

(二)能力

(三)性格

(四)价值观

（五）自我认知小结

二、外界探索
（一）家庭环境分析

（二）学校环境分析

（三）社会环境分析

（四）职业环境分析

（五）外界探索小结

三、职业定位
（一）SWOT 分析

内部环境分析(S-W) \ 外部环境分析(O-T)	机会(O)	威胁(T)
优势(S)	优势机会策略(S-O)	优势威胁策略(S-T)
劣势(W)	劣势机会策略(W-O)	劣势威胁策略(W-T)

（二）职业目标

（三）职业发展策略

（四）职业发展具体路径

（五）职业认知小结

四、计划实施
（一）短期规划

激励与惩罚：

（二）中期规划

激励与惩罚：

（三）长期规划

激励与惩罚：

五、评估调整

（一）评估的内容

1. 职业目标评估

2. 职业路径评估

3. 实施计划评估

4. 其他因素评估

（二）评估的时间

（三）调整的原则

（四）备选方案

六、结束语